골프 경기력 분석과 이해

Metacognition & GOLF Performance

공학박사 전순용

JINSAEM 진샘미디어

저자 **전순용**

전순용 박사는 제어 공학을 전공하고 동양대학교 전자전기공학과 교수로서 오랫동안 재임하며, 대학의 산학협력처장과 기획처장을 역임하고, 한국국방기술학회 초대 회장을 역임하였다. 국방부 국방R&D 평가위원을 비롯한 시스템의 평가와 분석 분야에서 오랫동안 활동했으며, 연구분야로는 집중력과 창의적인 뇌 사고 능력에 대한 뇌 반응 계측, 분석과 함께 국방/산업 시스템 제어 및 설계 분야에서 5명의 박사를 배출하고, 30여 명의 석사를 배출하였다. 창의 집중력에 대한 연구 과정에서 KPGA 오세진 프로, LPGA 이미향 프로, KLPGA의 유수연 프로를 지도하기 시작했으며, 현재는 SY Creative Research Group LLC, Korea의 대표이다.

카톡 ID : durango

골프 경기력 분석과 이해

발 행 일	2018년 10월 29일
저 자	전 순 용
발 행 인	최 봉 조
발 행 처	진샘미디어
주 소	서울시 은평구 연서로 5길 28 부호아파트 102동 상가 5호
전 화	02-353-4421
F A X	02-353-4431
홈 페 이 지	www.jinsam.co.kr
신 고 번 호	제311-2005-000025호
I S B N	979-11-88791-15-6 93320

정가 24,000원

골프 경기력 분석과 이해

Metacognition
&
GOLF
Performance

골프 시합에서 샷이 좋고 기술이 좋은 선수가 항상 좋은 경기 결과를 만든다고 볼 수는 없다. 골프 기술이 뛰어난 선수와 경기를 잘하는 선수의 차이는 무엇일까?
바로 골프 경기력에 대한 이해다. 자신의 경기력에 대해 정확하게 인지하고, 경기력 향상에 필요한 효과적인 훈련 방법을 찾으려는 많은 골퍼들의 노력에 이 책이 작은 디딤돌로 쓰이기를 희망한다!

머리말

저자는 공대 교수로 대학 강단에서 오랫동안 전기 전자 및 제어 공학에 관련한 강의를 해왔다. 또한 석·박사 학생들을 지도하며, 특정된 기능을 안정적으로 수행하는 물리적인 시스템 설계를 위해 오랜 시간을 연구실에서 보냈다. 이러한 시스템의 설계 문제는 비용, 시간, 성능, 안정성 등의 측면에서 최적화된 솔루션을 찾아야 하는 높은 창의성을 필요로 하는 작업이다. 이를 위해 물리적 시스템이 갖는 현상의 본질을 규명하는 것이 무엇보다 중요하며, 벡터나 통계, 미분방정식과 같은 수학적 도구를 이용하여 시스템 해석에 필요한 모델을 만들고, 얻어진 모델의 유용성을 검증한다. 더불어 같은 조건에서 항시 동일한 현상이 재현되도록 하는 물리적인 시스템을 설계하는 과정에서 시스템을 대신하는 수학적 모델을 이용하여 실제 시스템을 지배

하는 핵심적인 요인들이 무엇인가를 판단하게 된다. 이러한 물리적인 시스템 설계 과정은 골프 선수의 역학적 스윙을 분석하거나, 경기력에 영향을 미치는 문제 요인들을 찾아서 해결하려는 일과 다르지 않다. 한 선수의 골프 경기력이란 시스템이 갖는 특징적 요소를 파악하고 경기력을 극대화하기 위한 답을 찾는 일련의 과정이 물리적인 제어 시스템 설계의 일과 매우 비슷하다고 할 수 있다.

어떤 물리적인 시스템의 응답 상태에 영향을 미치는 요인은 무수하게 많기 때문에 해석상의 어려움을 줄이기 위해 시스템에 가장 큰 영향을 미치는 주요 변수를 결정하고, 이들 변수를 중심으로 해석하는 것에 집중한다. 시스템의 응답에 영향을 미치는 주요 변수가 무엇인지를 결정하는 것이 원하는 시스템을 설계하는데 있어 매우 중요한 일이 된다.

골프 선수의 스윙이 18홀 시합 중에도 변화하는 시간 의존성을 갖고 있을 뿐 아니라 경기의 다양한 환경 변수에 따라 경기력이 달라지고, 이들 변수는 비선형적인 특성을 가진 것으로 공학에서 다루는 물리적인 시스템과 큰 유사성을 가진다. 즉, 한 선수가 발휘하는 골프 경기력이란 시스템은 다른 스포츠와 비교해 월등히 복잡한 구조를 갖는다. 이러한 복잡성은 물리적인 시스템과 유사성을 가질 뿐만 아니라 시스템 설계 과정에서 고민하고 연구해야 하는 문제들과 매우 높은 상관성을 가진다는 것은 저자가 골프 연구에 몰입하게 된 동기가 되었다. 보통 물리적인 제어 장치(제어 시스템)는 입력Input, 출력Output, 시스템system으로 구성된다.

아래 그림은 공학 설계에서 다루는 기본 제어 시스템을 나타낸 것으로 출력은 선수가 갖은 경기력을 통해 기록되는 스코어로 생각하면 된다. 이때 시스템System은 한 선수가 갖는 골프 경기력을 나타내며, 골프 기술적 능력Technical Power, 신체 물리적 능력Physical Power, 내적 능력Inner Power, 창의적 의사결정 능력Decision Making Power, 외적 능력Outer Power 등이 모두 결합되어 수행되는 경기 능력으로 이해할 수 있다.

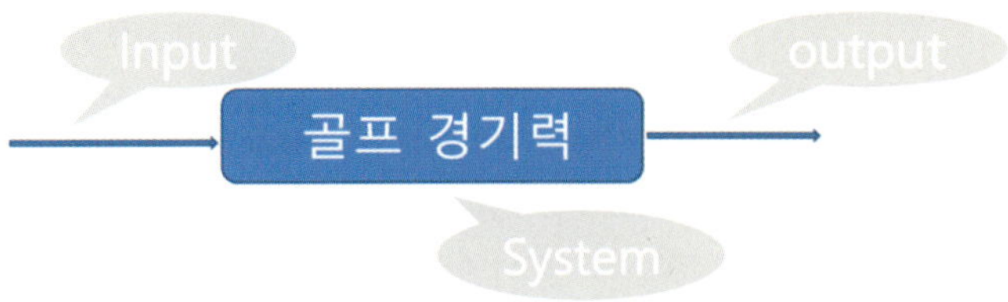

골프 경기력이란 시스템은 시간 의존성Time Varied을 가지고 있으며, 우리가 원하는 결과(출력Output)를 얻기 위한 입력Input 요인을 결정하고 생성하는데 있어 비선형성이 큰 것으로 보아야 할 것이다. 이러한 시스템은 현실적으로 해석이 쉽지 않다. 그러나 시스템(골프 경기력)에 영향을 미치는 주요한 인자가 무엇이며 이들 인자가 어떻게 작용하고 반응하는지에 대한 특성을 해석할 수 있다면 우리가 원하는 출력을 얻을 수 있도록 시스템을 제어하는 것이 가능하다. 여기에서 시스템 제어에 필요한 입력 조건을 찾는 것은 한 선수가 갖고 있는 골프 경기력를 정량적이며 분석적으로 나타낼 수 있어야 하며, 선수가 가진 경기력의 불확실성이 작을수록 쉬울 것이다. 제어시스템의 설계에 있어 불안정한 시스템을 안정적으로 만들기 위해 시스템에 부가

해야 하는 보상기를 만드는 일은 골프 선수가 갖고 있는 경기력이란 시스템에서 무엇이 문제인지를 확인하고, 이를 보완하기 위해 필요한 최적의 훈련 방법을 찾아 경기력을 강화하는 것과 같을 것이다. 즉, 시스템의 특성을 해석적으로 이해하는 것이 필요한데 이것은 골프에서 선수의 경기력에 대한 메타인지 과정이 필요한 이유이며, 시스템의 불안정성을 없애기 위한 해석적인 방법으로 보면 된다. 저자는 시스템 평가 분석 전문가로서 골프 선수의 경기력을 분석하는 일반화되고 정량화된 모델을 만들려는 시도를 수 차례 해왔지만 쉽지 않았다. 다행히 몇 명의 프로 선수를 지도하면서 연구의 방향을 약간 바꾸게 되었다. 비록 일반화된 정량적인 골프 경기력 분석 모델을 찾는 것은 어렵지만, 골프 경기력 요인을 크게 5가지로 분류하여 정의하고, 각 경기력 요인에 대한 메타인지의 개념과 방법을 명확히 하였다.

본 저서는 메타인지에 근거한 목적 지향적인 훈련 방법이 선수의 경기력 향상에 큰 도움이 될 수 있을 뿐 아니라 선수의 경기력 분석 결과를 토대로 선수에게 적합하고 효과적인 훈련 방법을 제시하는 것을 목표로 하였다. 하지만 여기에서 제시하는 방법이 모든 선수의 골프 경기력을 획기적으로 개선시킬 것이라는 기대는 하지 않는다. 다만 본 저서를 접하는 선수 가운데 한 명이라도 자신의 경기력 향상을 위해 노력하는 동기가 되어, 만족한 훈련 결과를 얻고 흔들림 없는 경기력을 확립하는 계기 마련에 도움이 될 수 있다면 더 없이 큰 보람이다.

이 책은 프로와 프로준비생을 위해 기술되었지만, 골프 지도자들에게도 꼭 권하고 싶은 책이다. 또한 아마추어 가운데 중, 상급자들은 프로의 수준이나 연습 방식에 대한 호기심을 충족시키고 폭넓게 골프를 이해하는데 흥미로움을 느낄 수 있으리라 생각한다.

이 책을 발간하는데는 나와 사제지간의 인연으로 훈련을 함께 했던 LPGA, KLPGA, KPGA의 몇몇 선수들과 아틀랜타의 PGA class A 프로들 모두가 매우 큰 도움이 되었음을 알리며, 감사의 마음을 전한다.

2018. 10.

저자

차례

CHAPTER

1

일반 스포츠와 구별되는 것들

운동선수들이 해당 종목에서 성적을 거두기 위해서는 근력과 지구력, 스피드, 민첩성 등의 신체적 여건이 매우 중요한 요소이다. 대부분의 스포츠 종목에서 선수가 우수한 성적을 내기 위해서는 신체적 조건이 힘, 속도, 시간의 물리적 요인들을 어떻게 지배하는가에 의존한다. 이를 위해 체력을 단련한다. 체력이란 주어진 조건 하에서 근육의 동작이 요구되는 작업을 만족스럽게 수행하는데 필요한 능력을 말하며, Ishiko가 분류하는 운동 체력은 운동의 발현 능력으로 정적 근력과 동적 근력, 운동의 지속 능력을 나타내는 근지구력과 심폐지구력, 그리고 운동 조정 능력을 나타내는 민첩성, 평형성, 유연성, 협응성 등을 말한다. 세계적인 수준의 운동선수들은 이러한 체력 조건을 선천적으로 타고난 경우도 있지만 후천적인 트레이닝을 통해 능력을 충분히 극대화시킨 경우도 있다.

복싱을 포함한 격투기 종목, 육상, 수영 등 대다수 스포츠 종목의 운동선수가 내는 성과는 이들 물리적인 체력에 절대적으로 영향을 받는다. 물론 골프 또한 이러한 신체 물리적 요인과 무관하지는 않다. 하지만 골프는 여타 스포츠와 달리 이러한 신체적 조건이 경기 결과를 절대적으로 지배하지는 않는다는 점에서 많이 다르다. 골프에 있어서도 신체의 물리적 조건을 향상하기 위한 휘트니스의 중요성을 부정하지는 않지만 PGA, LPGA 무대에서 좋은 성적을 거두고 있는 골프 선수 가운데는 휘트니스를 통해 신체적인 근력과 체력을 강

▲ 인간의 통합적 능력을 요하는 골프는 PGA에서 메이저 우승까지 골프를 시작하고 최소 20년 이상이 걸린다. 물론 PGA 선수 대다수는 우승을 못해보고 은퇴하지만.

화하는데 전혀 시간을 투자하지 않는 선수들도 많다. 또한, 골프는 경기에서 이기는 규칙도 간단하다. 14개까지 허용된 클럽을 이용해서 18홀 동안 매 홀 정해진 거리에 설정된 홀 컵에 공을 최소 타수로 쳐서 넣으면 된다.

어찌 보면 단순하지만 Dr. A. Ericsson의 글 'The Road to Excellence'에서 설명하는 10년 규칙Ten Year Rule은 험난한 선수의 과정을 잘 설명하고 있다. 골프를 시작해서 세계적인 선수가 되기까지 최소한의 기간을 말하는 것으로 골프를 시작하여 10년 내로 세계 대회에서 우승한 경우는 없으며, 메이저 대회에서 우승하는데 필요한 최소 기간은 PGA는 20년, LPGA는 15년 이상이 걸린다는 것이다. 최근 평창 동계 올림픽 스켈레톤에서 금메달을 차지한 윤성빈 선수는 스켈레톤에 입문하여 3년 8개월 만에 월드컵 우승을 차지했다. 또한 더운 나라인 통가의 타우파토푸아는 스키 입문 1년 만에 올림픽 출전권을 획득했다. 그는 국제스키연맹컵 크로스컨트리 남자 10km 프리경기에서 6위로 골인하여 세계 최고의 선수들이 겨루는 올림픽 대회 참가 자격을 얻었다. 결국 대부분 스포츠는 앞에서 말했듯이 경기력에 물리적인 체력 조건이 절대적으로 영향을 미치는 상호 연관성이 있기 때문에 물리적인 체력 조건이 매우 중요하다. 하지만 골프에서는 이러한 일이 거의 불가능하다. 왜 그럴까? 골프 선수의 경기력에 물리적인 체력 조건 이외 어떤 요인이 결과에 절대적인 영향을 미치는지 아직까지 명확하게 규명되지는

▲ 동계 스포츠 종목에서 더운 나라인 통가의 타우파토푸아는 1년 만에 올림픽 출전권을 획득했으며, 윤성빈 선수는 스켈레톤 입문 3년 8개월 만에 월드컵에서 우승했다.

않았다. 그만큼 경기력에 영향을 미치는 요인들이 여타 스포츠에 비해 훨씬 다양하게 존재한다는 것이다.

▲ 2016년 추정된 전 세계 골프 인구는 6000만 명에 달한다. 다른 스포츠에 비해 골프산업은 그 규모가 크기 때문에 골프 선수가 되기 위한 경쟁도 매우 치열하다. 2015년 런던마케팅스쿨은 세계에서 가장 시장성 높은 스포츠 선수 10명 중 2, 3, 6위에 골프 선수인 타이거 우즈, 필 미켈슨, 로리 맥길로이를 선정했다.

시즌 중 온도, 습도, 고도 등 다른 기후 환경 조건에서 자신의 컨디션을 유지해야 하고, 정신적으로 4라운드 동안 매우 긴 집중력과 체력을 유지해야 한다. 퍼팅 그린에서는 섬세한 공간 인지 능력이 필요할 뿐 아니라, 티샷에는 폭발적인 힘을 내기 위한 강력한 스윙이 필요하다. 하지만 그린 주변에서는 미소한 물리적인 힘의 제어가 가능해야 한다. 한 홀의 경기가 아니므로 무엇보다도 일관성 있는 스윙을 확보해야 한다. 또한 14개 클럽에 대해 상황에 맞는 선택과 선택한 클럽의 활용에 있어 스핀과 탄도 등 샷의 기술적인 적용 요인을 고려해야 함은 물론, 코스 조건과 볼이 있는 그라운드 조건 등에 적합한 샷을 만들어야 하거나 수없이 많은 상황에서 최선의 선택을 해야 한다. 뿐만 아니라 퍼팅과 같이 감각을 통해 미소 근력을 제어해야 하거나 민감한 공의 컨택을 만드는 과정은 심리적 변화 요인에 의해 많은 영향을 받기도 하며, 자신감이나 집중력과 같은 내적 요인이 그 어떤 운동보다 많이 작용한다. 이렇듯 골프는 신체 물리적인 체력 외에 다양한 환경 요인에 적응하고, 판단력과 멘탈을 키우는데 시간이 오래 걸리는 데다가 수백 개의 골 근육이 상호 작동하여 얻어지는 스윙의 일관성을 확보해야 하는 특징이 있다. 그만큼 기초 운동 근력을 단련하는 다른 스포츠 종목에 비해 시간이 오래 걸린다는 것이다. 즉, 다양한 환경 변화에서 오는 경기 상황의 복잡성과 육체적 정신적 긴장감은 물론 시각적인 인지 능력 등 인간의 통합적 능력을 훈련해야 하는 골프는 단시간에 어느 수준에 도달하는 것이 불가능할 수밖에 없다. 때문에 골프 선수의 경기력이 저하되면 어떤 문제에서 기인된 것인지 원인 분석이 매우 어렵다. 이는 선수의 경기력을 향상시키기 위해서 어떻게 해야 할지를 판단하는 것 또한 대단히 어렵다는 말이

▲ 지구력, 민첩성, 순발력과 관련한 기초 근력과 신체 조건이 골프 경기력에 미치는 영향은 다른 스포츠에 비해 높지 않다.

기도 하다. 육상뿐 아니라 대부분의 스포츠 종목에서는 우승자를 예측하는 것이 골프에 비해 용이하다. 예를 들어, 육상과 같은 기록 경기 종목에서는 시즌의 개인 기록이 알려지면 경기를 관람하는 시청자는 어느 선수가 좋은 성적을 낼지에 대해 예측하는 것이 크게 어렵지 않다. 그리고 선수의 경기력이 신체적 조건의 영향을 비교적 많이 받는 격투기 종목의 경우는 선수의 몸놀림과 민첩성, 근력 등의 물리적 조건을 보면 어느 선수가 우세한지 예측이 용이하다. 즉, 세계 랭킹 100위쯤 되는 시즌 기록을 가진 육상 선수가 해당 종목의 국제 대회에서 우승하는 것은 상식적으로는 있을 수 없는 일일 것이다. 하지만 골프의 경우는 그렇지 않다.

2017년 PGA 투어 그린브라이어 클래식에서 세계 랭킹 159위였던 미국의 잔더 셔펄레 선수가 우승을 차지했다. 또한 최근 LPGA 린드베리 선수가 세계 랭킹 95위에다가, LPGA 투어 생활 9년간 단 한번도 우승을 해보지 못했음에도 ANA Inspiration에서 박인비와 연장전 끝에 생애 첫 우승을 메이저 대회에서 한 것 역시 좋은 예라 할 수 있다. 국내외 골프 투어에서 이런 일은 다반사로 일어난다. 왜 그럴까? 다양한 요인들이 있을 수 있다. 우선 다양한 스포츠 종목 가운데 가장 많은 인원이 골프를 하며, 선수가 되기 위한 경쟁 또한 치열하다. 연령이나 체급의 제한도 없다. 선수로서 성공을 하기 위해 어려서부터 오랫동안 골프를 해온다. 따라서 설령 세계 랭킹에 들지 못한 선수들이라 해도 오랜 기간 골프를 해왔기 때문에 다른 스포츠 종목처럼 선수 간 실력의 격차가 뚜렷하게 구분되지 않는다. 특히 샷을 보고 선수의 경기력을 판단하는 것은 거의 불가능하다고 할 수 있다. 샷을 잘하는 선수와 경기를 잘하는 선수는 다를 수 있기 때문이다. 또한, 밤낮으로 무수히 많은 샷을 하고 골프 기술을 몸에 익혔다고 해도 성공할 수 있는 작은 실마리 하나를 푸는데 10년이 걸릴 수도 있고, 평생 투어 선수가 되지 못한 채 선수 생활을 마무리할 수도 있으며, 10년간 무명의 선수로 있다가 어느 순간 메이저 대회를 정복할 수도 있는 것이다. 사실 100미터를 10초대에 뛰는 선수는 10초를 극복하기 위한 순발력을 얻기 위해 어떤 근육을 강화해야 할지 훈련의 방법과 목표가 명확하다. 반면 골프의 경우는 선수가 목표로 하는 경기력을 발휘하기 위해 어떤 부분을 보완하고 훈련해야 할지가 불분명하다. 이처럼 골프가 갖는 복잡성과 다양성, 그리고 변화무쌍함을 정량적으로 해석하는 것은 쉽지가 않다. 선수마다 효과적인 훈련 방법을 찾는 것이 쉽지 않은 것은 이러한 이유 때문이다.

육상, 수영과 같이 선수의 경기력에 대한 변동의 폭이 크지 않고, 경기력을 정량적으로 평가하는 게 가능하다면, 훈련과 연습의 방법이 유용한 것인지의 여부도 가시적으로 판단이 용이할 것이다. 예를 들어, 수영 선수가 기록을 단축하기 위해 체력적인 부분에서 근력 운동을 했거나 기술적인 킥을 보안했을 때 경기력의 변화를 확인하는데는 많은 시간이 소요되지 않는다. 하지만 골프에 있어서 가장 어려운 것 중의 하나가 훈련의 효과를 확인하는 것이다. 선수가 훈련한 기술적인 부분이나 변경한 스윙이 효과적으로 경기력을 향상시킨 것인지에 대한 여부를 확인하기까지는 매우 긴 시간을 필요로 한다. 혹은 보완한 스윙의 결과가 1년쯤 뒤에 나타나거나, 이로 인해 아예 경기력을 상실하게 될 수도 있다. 물론 아마추어 골퍼의 경우에는 볼의 정확한 컨택 자체가 어려우므로 레슨에 의해 결과를 쉽게 확인할 수도 있을 것이다. 또한 시합에서 발견되는 대부분의 문제는 스윙의 문제이므로 인도어 골프 연습장을 많이 찾는 빈도와 레슨의 빈도가 많을수록 좋은 스코어를 기록할

▲ 골프는 훈련 목표의 설정과 성과를 확인하는데 있어, 다른 스포츠에 비해 몇 배의 시간이 걸린다. 아니 확인이 어려운 경우도 적지 않다.

것이다. 그러나 프로 선수들은 선수 경기력의 보완점을 찾는 것 자체가 쉬운 일이 아니므로, 경기력 향상에 필요한 훈련 방식과 프로그램을 만드는 것이 어려울 수밖에 없다. 다른 경기처럼 경기력을 정량적으로 가시적으로 나타낼 수 없기 때문에 훈련의 결과를 확인하는 것도 어렵다. 즉, 기록 경기를 하는 육상 선수는 본인이 내는 기록의 편차가 크지 않은 반면 골프 선수는 하루에 7언더를 치고 1위에 있다가 그 다음날 5오버파를 기록하여 최하위권의 경기력을 보이기도 한다. 때로는 경기력의 편차가 너무도 크다. 18홀을 경기하는 가운데 스윙의 변화가 생겨서 어려움을 겪을 때 어떤 문제로부터 스윙의 변화가 생겼는지를 이해하기가 어렵고, 스윙에 어떤 변화가 생긴 건지를 판단하기도 어렵다. 즉, 골프는 다른 스포츠에 비해 훈련 방법을 선택하고 훈련의 목표를 정하는 것이 훨씬 어려운 종목이다. 따라서 골프의 경기력 향상을 위해서는 보다 과학적이며 체계적인 경기력 분석을 통해 선수의 훈련 목표와 훈련 방법을 구체화할 필요가 있다.

어찌 보면 과거의 전통적인 훈련 방식은 네비게이션 없이 목적지를 향해 운전해가는 것과 같았다고 볼 수 있다. 운전자는 목적지에 언제 도착할지 알 수 없는 가운데 있었을 것이다. 그러나 보다 과학적이고 체계적인 훈련을 위해서는 선수의 골프 경기력이란 시스템이 어떤 경기력 변수로 모델링 될 수 있고, 최적화 할 수 있는지를 분석적으로 파악하고, 적합한 훈련 방법을 계획할 필요가 있다. 즉, 골프는 메타인지를 이용한 훈련 방법이 절실하게 필요한 스포츠로 볼 수 있다. 메타인지를 이용한 골프 훈련 방법은 목적지를 향해 운전하는데 있어 복잡한 도로망의 한가운데에서 네비게이션을 켜고 출발하는 것과 같은 것이다.

▲ 과거의 골프 훈련 방식이 네비게이션 없이 운전하는 것이라면, 골프 경기력에 대한 메타인지를 기반으로 하는 목적 지향적인 훈련 방식은 복잡한 도로망의 한가운데서 네비게이션을 켜고 출발하는 것과 같다.

골프 경기력이란 시스템의 복잡성과 경기에서 요구되는 통합적 능력을 통해 발현되기 때문에 다른 스포츠에 비해 훈련의 목표와 효과적인 훈련 방법을 수립하는 것이 훨씬 어려울 수밖에 없다. 따라서 훌륭한 골프 선수를 육성하기 위해서는 경기력에 대한 메타인지를 통해 훈련의 목표를 수립하고, 목표 지향적인 훈련을 하는 것이 매우 중요하며, 선수마다 훈련 효율을 높여주는 보다 창의적인 훈련 방식이 필요하다. 이렇듯 골프의 경우는 여타 스포츠 종목에서처럼 훈련과 경기력 평가의 표준을 가지고 있지 않아 선수를 육성하는 골프 지도자들에게는 훈련 방법에 대한 끊임없는 연구의 계기가 된다.

육상, 수영, 스피드스케이팅 등 시간과 싸워야 하는 기록경기 선수와 복싱, 유도, 레슬링 등 힘을 필요로 하는 격투기 선수가 같은 방식으로 훈련할 수는 없다. 스포츠 종목에 따라서 선수들이 사용하는 근육과 신체 부위가 달라지기 때문에 체력 훈련이 동일하지 않는 것은 지극히 당연하다. 뿐만 아니라 심리적인 부분도 경기 대상에 대해 느끼는 감정과 자신감 결여에서 오는 두려움 등이 종목에 따라서 다를 것이다. 하지만 하체의 발달은 스케이트, 사이클 선수뿐 아니라 골프 선수에게도 매우 중요하다. 수영 선수를 보면 상체의 근육이 많이 발달한 것을 볼 수 있으며, 장거리 육상 선수는 왜소하면서 체중도 적지만 심폐기능이 발달하고 달리는데 불필요한 에너지 소비가 최소화하도록 근육이 발달돼있다. 따라서 대부분 스포츠는 훈련을 통해 해당 종목에 맞는 신

▲ 골프 스윙에 필요한 근육을 강화하는 것은 다른 스포츠에서 경기에 필요한 근육을 강화하는 것처럼 명확하지 않을 수 있다. 선수마다 상하체 근육의 균형을 맞추어 유연성과 근력을 조화롭게 만드는 것이 다르기 때문이다.

체부위를 발달시키고 필요한 근육량을 키우는 게 일반적이다. 하지만 골프의 경우는 조금 다르다. 드라이버 비거리를 늘리기 위해 필요한 근육을 키우는 것이 비거리를 확보하는데 도움이 될지라도 스윙에 전체적인 영향을 주어 샷의 방향성에 문제를 일으킬 수 있을 거라는 주장도 있기 때문이다. 물론 최근에는 골프에서도 균형 잡힌 근육을 강화하는 것이 좋다는 주장이 운동생리학자들 사이에 늘어나고 있으며, 피트니스를 중시하는 선수도 많은 편이다. 사이클이나 수영 선수처럼 특정한 근력을 강화하는 훈련이 경기력에 직접적인 영향을 주는 것과 달리 골프에서는 선수마다 상하체의 근력에 대한 균형과 유연성을 동일하게 훈련시킬 수 없기 때문에 근력 운동이 경기력에 미치는 영향을 직접적으로 평가하는 것이 어려운 것도 사실이다. 허리의 굴곡근, 신전근, 회전근을 강화하는 것이 편심성 수축과 동심성 수축이 동시에 효과적인 골프 스윙으로 이어지는지를 판단하기는 어렵다.

대부분의 스포츠 선수들은 좋은 경기력을 발휘하기 위해 정신적 요인으로 시합의 집중력과 자신감, 긴장도 완화 능력을 필요로 한다. 이것들은 모든 스포츠에서 강조되는 멘탈의 요소지만 특히 골프에서 만큼은 절대적이지는 않다고 본다. 대부분의 스포츠에서는 이런 정신적 요인들이 경기 시작과 함께 해소되거나 완화되는데 비해 골프 경기에서는 18홀 4라운드 경기 내내 경기장 내외의 모든 상황들이나 환경이 최종 결과에 영향을 미치기 때문이다. 보통 일반 스포츠의 경기 통계는 테니스에서 첫 번째 서브 성공률이 높았던 선수가 시합에서 이길 확률이 높다거나, 축구 시합에서 첫 번째 골을 넣은 팀이 승리할 확률이 높다는 것처럼 비교적 명확한데 비해 골프 경기에서는 승리를 단정지을 수 있는 명확한 통계적 지표를 찾기가 어렵다. 반면 현대 야구에서는 타율, 자책점, 출루율을 비롯한 투수의 경기 지표 등이 정량적으로 수치화되어 선수 경기력을 평가하는 세이버메트릭스 방식이 선수의 몸값에 직접적인 영향을 미치기도 한다.

또한 야구에서 승리의 기여도를 따지는 WAR^Wins Above Replacement^과 같은 매우 복잡한 선수 통계를 활용하여 팀의 평균보다 낮은 성적을 기록하는 선수, 트레이드 시장에서 쉽게 구할 수 있는 선수, 팀 성적에 기여를 하지 못하는 선수 등과 같이 선수의 경기력을 평가한다. 보다 과학적인 분석을 기반으로 한 이 경기력 통계는 후보 선수, 핵심 선수, 선발 보장 선수, 좋은 선수, 올스타, 수퍼스타, MVP 등 선수의 경기력 수준을 7단계로 세분화할 만큼 중요한 자료로 활용된다. 양궁 선수의 경우 평가전에서 똑같은 평균점을 기록했다면 매 경기 점수의 산포도가 적은 선수의 경기력이 좋다고 보고 대표로 선발하는 것이 타당한 것으로 받아들여지고 있다. 그러나 골프 선수의 경기력은 다른 스포츠에서 의미를 부여하는 통계 지표처럼 명확하지 않다. 물론 평균 타수가 골프 선수의 종합적인 경기력을 나타내는 중요한 지표이지만 LPGA 2018년 시즌 상반기 결과를 보면 평균 타수 상위 10위 안에 드는 선수 가운데 3명은 상금 순위 30위권 밖에 있다. 이처럼 골프에는 특정한 통계적 지표로서 선수의 경기력을 정의하기 힘든 요소가 다른 스포츠 종목에 비해 많다.

가만히 생각해 보자! 나의 골프 경기력 수준은 객관적으로 어떻다고 이야기할 수 있는지 말이다. 내가 가진 골프 경기력 중 무엇을 보완해야 하며, 그동안 훈련해 온 방식들보다 더 효과적인 훈련 방법은 어떻게 찾아야 하는지!

독자의 이해를 돕기 위해 책의 구성을 요약하면 다음과 같다. 먼저 2장에서 골프 경기력을 정의하고, 앞으로 골프 경기력에 대해 설명하고자 하는데 필요한 용어와 함께 골프 경기력의 5가지 구성 요소를 설명한다. 3장에서는 골프 경기력에 대한 이해를 높이기 위해 경기력과 관계된 의미 있는 통계들에 대해 설명하며, 4장에서는 골프 경기력의 메타인지 방법과 함께 메타인지에 필요한 통계 자료 이용을 설명한다. 5장에서는 메타인지에 따른 경기력 향상 훈련의 목표 수립과 훈련 결과 평가에 대한 방법을 설명하며, 마지막 6장에서는 구체적인 훈련 방법에 대한 Tip을 중심으로 목적 지향적 자기주도 훈련의 내용을 제공한다.

본서의 주요 내용을 요약하면 메타인지Meta Cognition 과정을 통한 목적 지향적 훈련OOP, Objective Oriented Practice에 필요한 목표 설정과 훈련 계획의 수립 방법에 대해 비교적 상세히 설명하였으며, 미션 중심의 효과적인 자기주도 교정 훈련SRT, Self-Reformation Training의 과정을 심도있게 다루고 있다. 이 과정에서 골프 경기력의 내적 능력 가운데 집중력에 관해서는 최근의 연구 결과를 중심으로 골프에 활용하기 위한 구체적인 훈련 방법을 제시하였다.

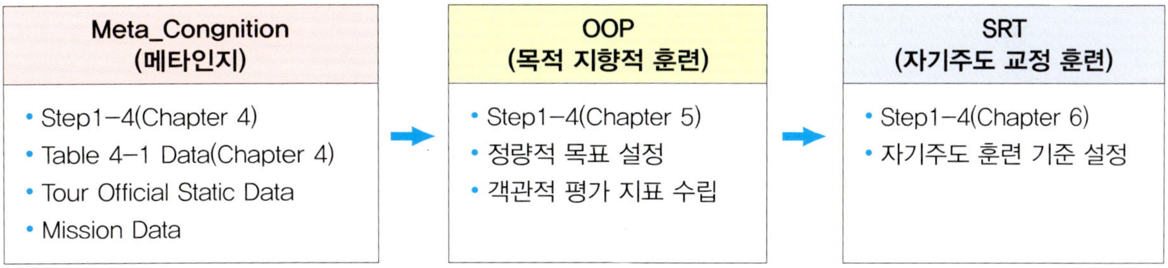

CHAPTER 2

골프 경기력의 이해

골프 선수의 경기력은 크게 5가지 요인으로 구분할 수 있다.

첫째, 스윙의 일관성과 좋은 방향성을 가지고 있는가와 코스의 다양한 환경 조건에 맞는 적절한 샷을 구사하는 능력 보유 여부이다. 이것을 골프 기술적 능력Technical Power이라 하고, 드라이버부터 아이언, 우드, 웨지, 퍼팅까지 샷을 구사하는 능력을 총칭한다. 샷 구사 능력은 골프 선수에 있어 경기력을 좌우하는 가장 중요한 기본적 요소로 골퍼에게 가장 중요한 능력이 되겠지만 이 골프 기술적 능력이 선수의 경기력을 100% 지배한다고 할 수는 없다.

▲ 훌륭한 샷을 하는 선수보다는 골프 경기를 잘하는 선수가 우승자가 된다.

둘째, 클럽별로 모든 샷을 완벽하게 잘하는 것이 훌륭한 선수라고 할 수 있지만 선수마다 선호하거나 잘하는 샷이 다르고, 홀 공략을 하는데 있어 코스 세팅이 주는 외부적인 환경 요인이 다르며, 선수의 컨디션도 변화하기 때문에 매 샷마다 주어진 조건에서 최선의 선택을 해야 한다. 이때 어떠한 결정을 하는가가 경기 결과를 좌우하는 매우 중요한 요인이 되기도 한다. 즉, 골프 경기에서는 14개 클럽을 사용해야 하므로 환경 요인에 따라 샷을 하기 위한 클럽을 결정하는 능력 또한 골프 경기력의 매우 중요한 요소라 하겠다. 그리고 바람, 비, 온·습도와 같은 기후 조건과 코스 상태, 공이 놓인 조건에 따라 어떤 샷을 만들지를 판단하고 결정하는 능력 또한 경기력을 구성하는 요인 중 하나이다. 이것은 창의성과 관련된 골프 의사 결정 능력Decision Making Power으로 역시 경기력의 중요한 부분이라고 할 수 있다.

▲ 창의적인 골퍼가 정상에 선다.

셋째, 시즌 동안 매주 경기를 해야 하고, 샷의 비거리와 양질의 스핀에 필요한 더욱 파워풀한 샷을 구사하기 위해서는 신체 물리적 능력Physical Power도 매우 중요하다. 체력적으로 뒷받침되지 못하면 투어 생활을 성공적으로 할 수 없게 되므로 신체 물리적 능력 또한 매우 중요한 골프 경기력의 한 요인이다. 신체 물리적 능력은 근력, 지구력, 민첩성 등과 관련한 물리적인 신체 조건과 체력적인 능력을 모두 포함한다.

넷째, 골프 경기력에 영향을 미치는 중요한 요인 중 하나는 사람의 내적 상태를 반영한 골프 내적 능력Inner Power이다. 골프 내적 능력이라 함은 집중력과 자신감, 다양한 상황에서의 긴장도 극복 능력을 말하며, 아무리 골프 기술적 능력이 우수하고, 신체 물리적 능력이 뛰어나다 하더라도 내적 능력이 형성되지 못하면 좋은 경기력을 발휘할 수 없게 된다.

마지막 다섯 번째로, 골프 선수의 경기력에 영향을 주는 요인으로 경기 외적 상황에서 오는 것이 있다. 어떤 코치와 함께하며, 가족 관계, 취미 활동, 경기 일정 중간에 다음 시합을 준비하는 과정, 워밍업 루틴 등 경기 외적으로 오는 많은 것들을 통칭해서 골프 외적 능력Outer Power이라 하는데 이 또한 골퍼의 경기력에 영향을 주는 요인이다. 이 외적 요인 또한 선수마다 잘 관리되어야 하는 중요한 것이지만 등한시하는 경향이 있다. 한때 타이거 우즈가 외적 요인에 의해 경기력을 상실한 대표적인 경우라 하겠다. 즉, 골프 선수의 경기력은 지금까지 설명한 5가지 분류의 능력에 대해서 종합적으로 얼마나 큰 포텐셜을 가지고 있는가를 통해 평가되어야 한다. 골프 샷의 기술적 능력, 창의적인 의사 결정 능력, 지구력과 유연성, 민첩성 등에 관한 신체적 능력, 집중력과 자신감 등에 관한 내적 능력, 경기 외적인 요인에 대한 외적 능력들이 합해져서 선수의 경기력을 완성한다고 할 수 있는 것이다.

이들 5가지 능력 요인 중 한 가지라도 큰 문제가 생기면 절대적으로 경기에서 좋은 결과를 낼 수 있는 확률이 줄어든다. 골프의 경기력 관점에서 보면 선수의 골프 기술적 능력은 매우 다양한 요인으로부터 영향을 받을 수 있다. 경기장 분위기, 선수의 각오, 자신감에서 기인한 골프 내적 능력에 영향을 받기도 하고, 캐디와의 관계, 개인적 고민, 기타 인간관계에 관한 사적 문제, 클럽이나 워밍업 루틴의 변경과 같은 골프 경기 외적 요인들 역시 기술적 능력에 영향을 미칠 수 있다.

골프 경기력을 나타내는 종합적인 지표로써 평균 타수는 의미가 있는 요소로서 선수의 전체적인 경기 수준을 나타낸다. 그러나 1장에서 언급했듯이 선수의 골프 능력을 나타내는 경기 통계적 수치가 아무리 앞선다 해도 매주 열리는 시합에서 통계적 지표에 따른 결과를 내는 것이 명확히 보장되지 않는다는 것이다. 파이널 라운드에서 2명의 선수가 플레이 오프를 치른다고 하면, 가끔씩 중계방송에서 우리는 각 상황별 샷에 대한 두 선수 통계를 해설자로부터 듣게 된다. 예를 들면 A선수가 18번 홀에서 4일 동안 버디를 3번했고 B선수는 모두 파만 했다고 해설자가 이야기하면, 시청자는 얼핏 A선수가 당연히 이길 것 같다는 생각을 하게 될 것이다. 하지만 여기에는 그 시점에 작용하는 A선수와 B선수의 경기력 요인 중 내적 능력Inner Power이 반영되지 않을 때의 기대값인 것이다. 역시 똑같이 2온에 성공하고 같은 거리 버디 퍼팅을 남겨놨다고 가정할 때, A선수는 통계적으로 퍼팅 기술 능력을 보여주는 시즌 GIR 퍼팅 순위 1위이며, B선수는 하위권에 있는 선수라면 역시 A선수가 우승할 것이라는 높은 기대값을 가지게 될 것이다. 하지만 그 시점에 작용하는 두 선수의 내적 능력을 모르는 경우 나는 두 선수의 우승 확률은 50:50으로 본다.

▲ 골프 선수의 경기력이란 샷의 기술적 능력, 창의적인 의사 결정 능력, 지구력과 유연성 등에 관한 신체적 능력, 집중력과 자신감 등에 관한 내적 능력, 경기 외적인 요인에서 오는 만족도가 합해져서 경기 능력을 완성한다고 할 수 있다.

골프에 있어 경기력은 매 순간 상황에 의해 달라질 수 있는 변화무쌍한 것으로, 좋은 경기력을 유지하는 데는 다른 스포츠 종목에 비해 더 많은 제약 조건이 따른다. 따라서 골프 경기력에 대한 바른 이해를 통해 선수 자신의 경기력을 높이는 방법을 찾는 것은 매우 중요하다.

2-1 기술적 능력Technical Power

골프 기술적 능력은 어떻게 정의할 수 있을까? PGA와 LPGA를 비롯한 각 투어에서는 선수의 기술적 능력을 나타내는 여러 지표를 제공한다. 일반적인 기술 지표로는 평균 타수, 드라이브 비거리와 정확도, 그린 적중률, 퍼팅 수 등을 들 수 있다. 물론 이들 지표는 매우 중요한 골프 기술적 능력에 대한 평가 요소이다. 특히 평균 타수는 선수 경기력의 기술적 능력을 통합적으로 나타내는 지표이기도 하다.

▲ PGA 선수의 GIR을 보면 라운드당 평균 12개 온그린되는데, 200야드에서의 온그린 확률은 약 46%, 150~175야드에서 약 64%, 100~125야드에서 75% 정도이다.

2017년 PGA 최저 타수를 기록한 선수는 Jordan Spieth로서 평균 타수 68.846을 기록했다. 2위 Rickie Fowler의 69.083과는 큰 차이를 보인다. 하지만 2017년 상금왕은 Jordan Spieth도 Rickie Fowler도 아닌 Justin Thomas다. 물론 상금이 큰 대회에서 우승하는 경우 전체 상금이 많아지겠지만, 일반적으로 제시하는 통계적인 골프 기술적 수준과 상금 순위가 비례하지는 않는다는 것이다. 이것은 상금이 큰 메이저 대회에서는 선수들의 긴장도가 더 커질 것이고, 자신이 가진 기술적 수준에 내적 능력Inner Power이 어떻게 작용하는가에 따라서 수준 이상, 이하의 경기력을 발휘할 수 있기 때문일 것이다. 그래도 선수의 기술적 수준을 나타내는 통계적 지표는 매우 중요하고 의미가 있다. 선수가 자신의 샷의 기술적 능력과 수준을 객관적으로 아는 것은 연습의 방향과 목표, 시합의 전략을 수립하는데 매우 중요하기 때문이다. 특히 PGA는 SGStroke Gain을 도입하여 선수들의 정확한 골프 기술적 능력을 평가하고 나타내기 위해 노력하고 있다. 여기에는 드라이버 능력을 나타내는 OTTOff The Tee, 그린까지 도달하는 능력을 나타내는 APGApproach The Green, 그린 주변에서의 기술적 지표인 ARGAround The Green, Putting 등으로 구분하여 평가한다. SG 평가의 기준은 특정 거리를 변수로 해서 PGA 전체 선수의 수많은 샷에 대한 통계적 평균을 활용한다. 정해진 거리별 평균 샷 능력을 기준으로 선수의 수준을 더 상세히 비교 평가할 수 있게 만들어졌다. 이러한 SG지표가 갖는 의미에 대해서는 3장에

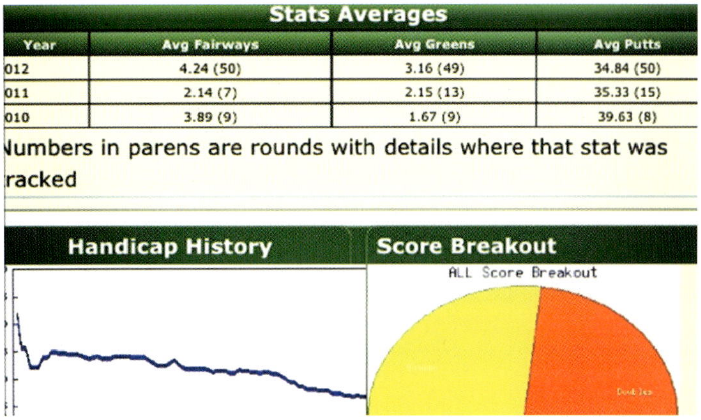

▲ 선수가 가진 골프 기술적 능력을 정확하게 평가하기 위한 객관화된 통계 기준을 마련하는 것은 선수의 훈련 목표 수립과 경기력 강화를 위한 메타인지에 있어 매우 중요하다.

서 보다 상세하게 다룰 것이다. 즉, 골프 기술적 능력의 핵심적인 요소라고 할 수 있는 샷의 일관성과 방향성 유지 능력 그리고 상황에 따른 거리 조절 능력, 그린 빠르기나 높낮이 등에 따른 퍼팅 능력 등이 SG지표로 다 설명된다고 할 수는 없다. OTT 능력은 페어로 얼마만큼 멀리 보낼 수 있는가에 SG의 초점이 맞추어져 있지만, 실제 경기에서는 상황에 따라 아이언 티샷이 필요한 경우나 우드 티샷을 해야 하는 경우도 너무나 많다. 이것은 선수가 가진 경기력 수준을 보다 잘 나타낼 수 있는 평가 지표 개발의 필요성이 여전히 남아있음을 말하며 선수의 경기력을 분석하는 관점에서 충분한 골프 기술적 평가 지표로 보기에는 다소 무리가 따른다.

골프 기술적 능력 가운데 퍼팅 능력이라 함은 그린 위 어디에 볼이 있건 1putt 혹은 2putt으로 홀 아웃하는 능력을 말한다. 골프 기술적 능력 가운데 가장 중요한 한 가지를 선택하라면 당연히 퍼팅 능력을 말할 것이다. 골프 경기는 더 좋은 위치에서 퍼팅을 하기 위한 퍼팅 시합이라고 해도 과언이 아니기 때문이다. 조금 과장해서 말하면 티에서 그린까지의 과정은 더 좋은 퍼팅 위치를 차지하기 위한 준비 단계에 지나지 않는 것이다. 퍼팅 SG를 통해 선수의 능력을 통계적으로 나타내지만 간과해서 안 되는 것은 같은 거리와 같은 그린 상황이라 해도 버디 퍼팅과 파 퍼팅, 보기 퍼팅에 따라 성공률이 달라진다는 것이다. 더불어 똑같은 위치에서 성공한 퍼팅을 다시 할 경우 성공한다는 보장이 없는 것도 골프 기술적 능력이 시간 의존성을 갖는 복잡한 시스템이며 통계적 지표로 표현할 수 없는 영역이 있다는 것이다. 그럼에도 투어에서 제공하는 선수의 경기 통계에 대한 지표들은 그들이 갖고 있는 골프 기술적 능력의 수준을 세부적으로 정확히 말해주는 중요한 자료이다. 여기서 인지해야 할 점은 세계 랭킹 1위의 선수라도 골프 기술적 능력을 나타내는 모든 통계 지표가 우월하지 않다는 것이다. 드라이버 능력부터 퍼팅 능력까지의 모든 지표들 중에 앞서는 것도 있고 중하위권에 머무르는 지표도 보인다. 즉, 골프에서 아무리 훌륭한 선수라도 한 선수가 모든 기술적 능력을 다 갖추는 것은 매우 어렵다는 것을 알 수 있다. 하지만 세계 톱 순위에 랭크되는 선수들의 공통적인 것은 골프 기술적 능력의 지표 가운데서도 그린 적중율과 퍼팅 순위가 높다는 것이다. 골프 기술적 능력이 뛰어나다는 것은 '멀리 정확하게' 공을 보낼 수 있는 능력을 말하며, '다양한 상황에 적합한 샷 구사' 능력을 가진 것을 말한다. 이 두 가지를 합하면 **골프에서 기술적 능력이라 함은 다양한 상황에서 목표 지점에 볼을 정확히 보내는 능력**을 말하는 것이다. 엄밀하게 말하면 선수가 오랜 투어 경기에서 무수하게 많은 샷을 하지만 똑같은 상황 조건의 샷을 하는 경우는 존재하지 않는다. 실제 시합에 있어 기술적 능력은 상황 판단과 집중력, 신체적 변화에 대한 영향을 직접적으로 받게 되기 때문이다. 따라서 피나는 훈련과 연습을 통해 핀과 홀 컵을 향해 정확하게 볼을 보내는 능력을 확보했어도 시합이란 상황에서는 전혀 다른 결과를 내기도 한다. 그럼에도 선수가 갖는 골프 기술적 능력을 표현하는 다양한 지표가 있고, 세계적 수준의 선수들이 갖는 골프 기술적 통계 지표는 몇 가지 공통점을 보이기도 한다. 물론 여타의 스포츠 종목과 다르게 남자와 여자 선수의 골프 기술적인 경기력 지표가 다르게 나타나고, 투어에 따라서 좋은 경기력을 나타낸 선수들의 공통적인 통계 지표에도 차이가 있으며, 좋은 경기력을 보이는 스윙의 형태나 골프 스타일이 한 가지로 설명될 수 없다는 것이다. 이것은 최고의 선수가 되기 위해 노력하는 많은 선수들이 골프 기술적인 훈련 목표를 수립하는데 있어서도 쉽지 않은 것이며, 많은 골프 지도자들이 효과적인 훈련 방법을 찾기 위한 연구에 많은 시간을 투자하는 이유이기도 하다. 중요한 것은 골프에서 선수가 갖는 골프 기술적 능력의 본질을 명확하게 인지하고 어떤 요인들에 의해 영향을 받는가를 알아야 할 필요가 있다. 이를 위해서는 객관적이며 정량적으로 선수의 경기 기술적 능력이 평가될 수 있는 지표들과 분석하는 방법에 대한 이해가 필요하다.

골프 기술적 수준에 대한 통계적인 지표들과 함께 선수의 골프 기술적 능력에 대한 평가 방법에 대해서는 4장에서 상세히 다룬다.

2-2 내적 능력Inner Power

골프 선수가 갖는 내적 능력은 크게 집중력, 자신감, 긴장도를 말한다. 선수가 가진 기술적 능력Technical Power을 충분히 발휘하기 위해서는 내적 능력이 뒷받침되어야 하며, 아무리 훌륭한 기술적 능력을 가졌다 해도 내적 능력이 약하면 좋은 골프 경기력을 기대하기 어렵다. 내적 능력은 골프 기술적 능력 가운데 손과 팔의 미소 근육을 써야 하는 퍼팅 능력에 많은 영향을 줄 수 있으며, 티샷을 비롯한 골프 경기 전반에 영향을 미치게 된다. 특히, **집중력**은 가장 중요한 내적 능력의 요인 가운데 하나이다. 많은 운동 경기에서 집중력은 경기의 승패를 가르는 중요한 요인으로 인식하고 있지만, 이에 대한 특별한 훈련 방법을 찾지 못하고 있는 것도 사실이다. 골프 경기는 샷을 하는 순간의 집중력도 중요하지만 18홀 동안 샷의 감각을 유지하려는 장기간의 집중력 유지 능력도 매우 중요하다. 이러한 집중력은 당연히 체력의 상태에 의해 영향을 받을 뿐 아니라 수면 상태에도 많은 영향을 받는다. 따라서 체력과 수면 관리는 집중력 유지 측면에

▲ 집중력, 자신감, 긴장도는 선수가 가진 골프 기술적 능력을 발휘하기 위해 무엇보다도 중요한 경기력 변수이다.

서 중요한 부분이다. 더불어 골프 선수의 경우 집중력이 방해를 받게 되는 외적인 요인들이 다른 스포츠에 비해 훨씬 많다. 샷 실수로 인한 감정의 변화, 트라우마나 징크스와 같은 정신적 문제, 지나친 흥분, 우승 혹은 컷 탈락에 대한 긴장감 등 다양한 원인을 들 수 있다. 또한 동반 라운드하는 선수의 습관에 영향을 받기도 하지만 갤러리의 반응에 영향을 받기도 한다. 골프 선수가 좋은 경기력을 유지하기 위해서는 스스로의 집중력 변화를 인식하고 경기에 몰입하기 위한 대처방법을 강구해야 한다.

뿐만 아니라 집중력을 유지하는 능력에 대한 선수들의 유형을 보면, 18홀을 경기하는 가운데 초기에 집중을 못하는 유형과 10번 홀을 전후한 중반부에서 집중력의 흔들림이 있는 유형, 경기 마지막 부분에서 집중력이 저하되는 유형 등 선수마다 다르다. 물론 18홀 내내 집중력을 유지하는 것이 가장 바람직하지만 18홀 내내 고도의 집중력을 유지하는 것은 많은 체력 소모를 동반하므로 쉽지 않은 일이다. 대개 선수들의 스코어 카드를 분석하다 보면 통계적으로 특정 홀을 전후해서 스코어가 나빠지는 구간이 있을 수 있는데, 투어 선수는 자신의 경기에서 반복적으로 발생되는 이러한 구간이 있는지를 인식할 필요가 있다. 경기 중 집중력 저하 구간에 있음을 인지하면 의도적으로 집중에 필요한 스트레칭을 함으로써 보다 안정적인 스코어 관리를 위한 경기를 할 필요가 있다.

그러면 골프 선수에게는 순간 집중력이나 집중력 유지 훈련을 위해 어떤 방법이 적합할까? 이러한 집중력 강화의 문제는 짧은 기간에 해결되지 않는다. 지속적으로 뇌 자극 훈련과 몇 가지 집중력 훈련 프로그램을 병행해야 한다. 상세한 집중력 훈련 방법에 대해서는 후속 저서에서 다루기로 하고 여기에서는 간단한 몇 가지 방법만 제안한다. 우선 촛불 명상을 권하고 싶다. 일반적인 명상과 다른 점은 대개 눈을 감고 화두를 중심으로 하지만 촛불 명상은 눈을 뜨고 한다는 것이다. 촛불을 켜고, 정좌하고 앉아 눈을 뜨고 촛불을 응시한다. 촛불을 응시하며 정신을 모으고

▲ 색 감성을 이용한 골프 선수의 집중력 훈련 프로그램은 선수의 내적 경기력을 향상시킬 수 있다(Dr. sofa).

정신이 모이면 촛불 위에 이미지로 골프공을 그리면 된다. 처음에는 골프공의 이미지를 그리기가 쉽지 않고 어려울 것이다. 하지만 반복해서 집중을 하면 이미지 볼을 그릴 수 있으며, 집중력이 높아지면 골프공의 딤플까지도 섬세하게 보게 될 것이다. 하루 중 운동을 마치고 편한 시간에 한 번씩 촛불 명상을 권한다. 저녁 식사 후 하루를 정리하며 심신의 긴장을 풀고 집중력을 높이는 촛불 명상은 틀림없이 투어 선수에게 많은 도움이 될 것이다. 대략 일주일간 매일 명상을 하면서 골프공 이미지를 띄우는데 집중하면 명확한 골프공 이미지를 보게 될 것이다. 또한, 어느 정도 볼 이미지를 띄우는 집중력 훈련이 이루어지면 다음 단계로 이미지 트레이닝을 할 수 있다. 이미지 트레이닝에 대한 상세한 내용은 6장 경기력 향상을 위한 훈련 방법에서 설명하기로 한다. 또한, 색 감성은 집중력에 다소의 영향을 미치는 것으로 저자의 뇌파 연구를 통해 확인되었다. 따라서 선수 자신의 집중력 향상에 효과적인 색 감성에 대해서 아는 것도 중요한 부분이다. 선수가 시합 때 착용하는 선글라스의 색과 그린에 조합되는 볼의 색은 다소간의 순간 집중력에 영향을 줄 수 있다. 선글라스를 통해 그린 위의 골프공을 바라볼 때 느껴지는 색 감성이 본인에게 적합한지에 대한 판단은 색 감성 척도 분석을 통해 확인 가능하다. 요즘은 다양한 컬러 볼이 경기에 사용되므로 볼의 색과 본인의 집중력의 상관관계를 아는 것도 고려해야 할 요인이다. 특히 그린의 색에 선글라스를 통해 바라보는 볼의 색 대비는 명암과 선명도에서 차이가 있기 때문에 18홀간 30번 전후한 퍼팅을 오랜 시간에 걸쳐 하게 될 때 집중력에 영향을 미친다고 볼 수 있다. 0.1타가 상금 순위에 영향을 미치는 투어 선수에 있어서는 이 또한 내적 능력을 위해 고려해야 하는 경기력 요인이 될 수 있다.

골프의 내적 능력 가운데 집중력과 더불어 매우 중요한 것은 **자신감**이다. 자신감은 어디에서 오는 것일까? 자신감을 갖기 위해서 선수는 스스로를 잘 이해해야 한다. 대개 자신감이 없게 되면 선수는 불안함을 느끼게 되고, 불안함은 경기력을 크게 저하시킨다. 만일 선수가 충분히 연습이 되어 있고, 자기의 반복적인 실수가 어떤 상황에서 확률적으로 높고, 불편하게 느끼는 환경과 상황이 무엇인지를 알게 되면 그 원인에 대처할 수 있는 방법을 찾게 될 것이다. 따라서 선수가 자신의 골프 기술적 능력 수준, 내적 능력, 신체 물리적 능력의 수준 등을 이해하고 있다는 것은 경기 중 다양한 상황에서 자신이 대처할 수 있는지 또는 불가능한 지를 알고 있어 불안감을 없애고 자신감을 얻을 수 있는 동기가 된다. 자신감은 자신이 하는 도전이 가능하다고 믿는 자신에 대한 신뢰이다. 따라서 자기 자신에 대해 보다 세밀하게 알아야 하며, 부족한 점은 더 많은 충분한 훈련으로 극복해야 한다. 특히 자신감이 지나쳐 자만감에 빠지는 것을 경계해야 한다. 자만감은 자신의 샷과 경기를 망칠 뿐 아니라 골프 인생을 망칠 수 있으므로 골프에 대해 겸손한 자신감을 키워야 한다. 겸손한 자신감은 매 샷에 확신을 가진 스윙으로 나타나야 하며 이러한 확신은 충분한 연습의 기반 위에 있어야 한다. 세계 랭킹 1위가 되어도 연습을 게을리하지 않아야 하며, 새로운 기술을 익히는데 최선을 다해야 한다. 자신감을 키우기 위해서는 충분한 훈련과 함께 마음이 강해야 하며 흔들림이 없어야 한다. 마음에 모토가 될 신념과 의지를 담고 끊임없이 자신의 성품을 더욱 담금질해야 한다. 진정한 세계 최고의 골퍼로 인정받기 위해서는 말이다.

다음은 자신감을 키우는데 있어 도움이 될 몇 가지 명언들을 정리했다. 마음에 다가오는 말이 있거든 마음에 담고 시합 전에 항시 혼자말로 이야기해 보기 바란다.

고개를 들어라! 각도가 곧 태도다. 프랭크 시나트라

계속 컷 탈락했어도 오늘 새로운 시합에 고개를 당당하게 들고 1번 홀 티 샷을 준비해야 한다.
이번 경기는 우승할 수도 있다.

골프 경기에 있어 자신감을 가지면 홀의 모든 환경이 쉽고 재미있게 느껴지는 반면 자신감을 잃으면 코스 내 모든 환경이 무서운 적으로 돌변한다.

인생은 속도가 아니라 방향이다. 괴테

골프도 그렇다. 목표에 도달할 수 있는 가능한 방향을 알아야 한다. 불가능한 방향으로 빨리가면 갈수록 목표와는 멀어진다. 장타보다 방향이 우선이다.

집중력은 자신감과 갈망이 결합하여 생긴다. 아놀드 파머

자신감과 갈망이 집중력을 높이지만 지나치면 오히려 골프를 망친다.
겸손한 자신감과 절제된 갈망이 필요하다.

생각하는 대로 살지 않으면 사는 대로 생각하게 된다. 폴 발레리

골프도 그렇다. 어떻게 경기를 할지를 정하고 자기의 경기를 하지 못하면 코스를 설계한 사람의 의도에 맞추어 충실히 실수하게 된다.

경기란 자신감으로의 접근이다. 장 지로두

골프 경기에 있어 자신감의 95%는 경기 시작 전에 충전되어 있어야 한다.
충분한 연습을 통해서….

경기를 시작하고 나머지 5%만 채우면 훌륭한 경기를 할 것이다.
냉정함으로….

골프 내적 능력의 세 번째 요인으로 **긴장감**을 꼽는데, 이것 또한 골프 경기력의 기술적 능력에 큰 영향을 미칠 수 있다. 시합에서 긴장감을 갖는 것은 일반적인 현상이다. 사실 선수마다 상황에 따라서 긴장의 정도가 다르다. 그렇지만 연장 승부 상황이거나, 메이저 대회 첫 승에 가까워졌거나 하는 극도의 긴장감 속에서도 실수를 줄이고 자기의 기량을 발휘하는 것이야말로 세계 최고가 될 수 있는 중요한 요소이다. 특히 선수 생활을 하는 가운데 매우 중요한 순간을 맞이할 때 이러한 긴장감은 극복해야 하는 과제가 된다. 이는 어찌 보면 선수의 골프 인생을 바꾸는 계기가 되기도 하기 때문이다. 골프 경기에서 선수가 크게 긴장하는 주원인은 두려움 때문일 것이다. 샷의 실수에 대한 두려움, 목표를 이루지 못하는데 대한 두려움 등 선수 마음에 있는 두려움이 선수를 긴장시키는 것이다. 즉, 미래에 일어날 일이 잘못되는 것에 집착하는 것이 선수를 긴장시키는 가장 큰 원인이 된다. 이러한 걱정은 경기를 하는 순간 많은 생각을 유발하고 집중력을 분산시키게 된다. 물론 선수의 타고난 성품과 자라온 환경, 훈련 받아온 방식에 따라 긴장을 즐기고 경기력을 더욱 높이는 계기로 사용하는 선수도 있다. 긴장감을 즐기기 위해서는 우선 마음속으로부터 일어나는 감정에서 부정적인 요소를 없애야 한다. 우승에 대한 설렘이나 승부를 즐기는 긴장감은 오히려 좋은 경기력을 만들지만 두려움으로부터 느끼는 긴장감은 경기력을 저하시킨다는 것을 명심해야 한다. 잘못될 것을 생각하면 자기충족적 예언self-fulfilling prophecy 현상을 경험할 확률이 높아진다.

그리스 신화에 어떤 섬에 홀로 사는 피그말리온은 볼품없는 외모를 지닌 탓에 사랑에 대해서는 체념하고 살았다고 한다. 그는 조각가로서 오직 조각 일에만 몰두하였다. 하지만 그는 항상 사랑을 그리워하며 완벽한 여인의 나체상을 조각하였다. 그리고 실제로 그 조각여인상을 사랑하기 시작하였다고 한다. 그리고 어느 날 그 마을에서 각자 자신의 소원을 비는 축제를 통해 피그말리온은 신에게 그 조각여인상이 아내가 되게 해달라고 빌었고, 간절한 기도를 마치고 집에 돌아

온 피그말리온은 자신이 조각한 여인상 손등에 간절히 사랑하는 마음으로 입을 맞추었는데 놀라운 사건이 일어났다. 피그말리온의 간절한 소망은 조각여인상 손에 온기가 되어 전해졌고, 그 조각여인상이 실제로 아름다운 여인의 모습을 가진 사람으로 변했다. 피그말리온의 간절한 사랑을 받아들인 신이 그 조각에 생명을 불어넣어 아름다운 여인으로 만들었다는 이야기이다. 결국 피그말리온은 그녀와 결혼을 했으며, 이 신화 속의 주인공 이름을 따서, 자기충족적 예언을 피그말리온Pygmalion 효과라고 한다. 아놀드 파머가 "집중력은 자신감과 갈망이 결합하여 생긴다"고 한 말을 되돌아 볼 필요가 있다.

▲ 두려움으로부터 오는 긴장은 경기를 망치지만 기대감과 설렘으로부터 오는 긴장감은 경기력을 향상시킬 수 있다.

2-3 의사 결정 능력Decision Making Power

골프에서 선수가 가진 경기 능력을 객관적으로 측정하는 것이야말로 가장 어려운 항목이다. 경기 중 주어진 샷 환경에서 선수가 선택한 최선의 결정이 얼마만큼 효과적이고 타당한 결정인지를 확인하는 것이 쉽지 않기 때문이다. 골프 경기력과 관련한 창의적 의사 결정 능력은 경기 승패의 핵심적인 요인이 되기도 한다. 특히 트러블 상황에서의 골프 의사 결정 능력은 경기 전체의 흐름을 좌우하는 매우 중요한 요인이 된다. 대부분 트러블 상황에서는 의사 결정에 고려해야 하는 요소들이 더 많아지기 때문이다. 물론 기술적으로 고려해야 하는 요인들도 많겠지만 자신의 경기 상황에 따라서 확률이 낮은 것을 알고도 낮은 확률의 샷을 선택해야 할 경우도 있을 것이다. 여기에서 샷의 성공 확률을 높이기 위해서는 위험 요인에 대한 명확한 문제 인식이 필요하다. 대부분 버디를 목표로 하는 공략은 위험 요인을 동반하는 경우가 많다. 따라서 문제 인식이 창의적 의사 결정에 있어 매우 중요할 뿐만 아니라 정확한 문제 인식이 수반되어야 올바른 의사 결정을 할 수 있게 된다.

▲ 골프 경기에서 의사 결정 능력의 핵심은 문제 인식 능력이다. 정확한 문제 인식이 선행되어야 올바른 의사 결정이 가능하다.

그럼 골프 경기에 있어 문제 인식이란 무엇일까? 골프 경기는 어찌 보면 거리 맞추기 게임이라 할 수 있을 정도로 공략 거리를 산출하는 의사 결정은 경기력의 핵심적인 요소이다. 티샷에서부터 그린의 공략과 퍼팅까지 매 홀마다 이루어지는 중요한 결정 중에 공략 거리를 산출하는 과정에서의 문제 인식에 대해 생각해보자. 바람과 홀 전체의 높낮이, 볼이 놓인 조건, 그린의 상태, 선수가 느끼는 감각적 상황 등을 조합하여 공략 거리를 결정하고 클럽을 선택할 것이다. 여기에 경기 중의 신체 물리적 컨디션 조건과 타협하여 어떤 클럽으로 어떤 컨택을 만들지를 결정할 것이다. 예를 들어, 공략 거리의 산출에 포함되는 이들 여러 요인들 가운데 볼이 놓인 잔디 상황이 볼의 스핀과 클럽 저항에 어느 정도의 영향을 주는지, 바람의 영향에 대해 클럽의 기준 거리에서 얼마만큼을 더 보거나 덜 보아야 할지 등에 대한 문제를 인식하는 능력은 사실상 골프 경기에서 선수 경기력의 핵심적인 요인이 될 수 있다. 그린 위 퍼팅 시에 잔디 상태와 경사도 등에 대한 인지와 판단이 잘못되면 샷을 하기도 전에 이미 한 타를 잃어버린 것과 같다.

이러한 의사 결정 능력의 핵심은 선수가 가진 논리적 추론에 근거한 창의성이다. 보통 창의적 생각은 공식적이거나 관습적 사고를 뛰어넘어 경험을 바탕으로 충분한 상상력이 뒷받침될 때 발휘된다. 창의적 아이디어 도출 기법 가운데 SCAMPER란 것이 있다. 이것은 1950년 Alex F. Osborne이 창의적인 아이디어 도출을 위해 제시한 브레인 스토밍 기법을 Bob Eberle가 정립한 것이다. 선수 스스로의 의사 결정 능력이 어느 정도인지를 확인하는데 있어 다음에서 설명하는 SCAMPER를 얼마나 활용하는가를 체크해 보기 바란다.

표 2-1은 SCAMPER 기법을 골프의 창의적 의사 결정에 연계한 설명이다.

표 2-1 SCAMPER 기법의 활용

S	Substitute	클럽의 대체
C	Combine	공략 거리, 퍼팅라이 등의 결정
A	Adapt	스핀, 페이드 등 샷 기술 결정
M	Modify/Magnify	트러블 상황 탈출
P	Purpose	우드를 퍼터로 활용
E	Eliminate	이미지 장애물 처리
R	Rearrange/Reverse	라운드별 경기 전략의 재수립

SCAMPER의 S는 어떤 문제를 해결하는데 있어 대체 능력을 말한다. 어떤 상황에서 본인이 선택한 클럽을 다른 클럽으로 대체하여 더 좋은 결과를 만들 수 있는지 여부를 자문해 보라. 선수는 샷 환경에 따라 클럽을 대체해서 쓸 수 있는 폭이 넓어야 한다. C는 문제 해결을 위해 다르거나 비슷한 것을 조합할 수 있는가를 보는 것이다. 예를 들어, 520야드의 파5 홀을 공략하는데 있어 버디를 목표로 핀을 향해 두 번에 갈지 세 번에 갈지를 정하면 티샷과 세컨 샷 혹은 어프로치 샷의 클럽 조합은 어떻게 하는 것이 가장 버디 확률을 높일 수 있는지를 생각할 수 있어야 한다. 퍼팅에 있어서는 스피드와 경사를 어떻게 조합할지에 대한 의사 결정의 과정을 이야기한다.

A는 어떤 조건이나 목적에 맞도록 적용이 가능한지를 보는 것이다. 특정한 목적의 샷을 수행해야 하는 경우, 어떤 기술적인 샷의 구사 방식이 주어진 상황에 적합한지를 결정하고 적용하는 것은 창의적 상상력을 요하는 의사 결정 능력이다. 다양한 샷 구사 능력을 가지고 있다면 그만큼 선택의 폭도 넓어지고 볼이 놓일 수 있는 여러 환경에서 좋은 결과를 만들기가 쉬워질 것이다.

M은 모양이나 형태를 수정하거나 변경하는 것을 의미한다. 골프에서는 트러블 상황에서 특히 많은 상상력과 창의성을 요구한다. 필 미켈슨이 PGA 시합에서 구사한 샷 가운데 벙커 턱 끝자락에 놓인 볼을 홀 컵 반대 방향으로 샷을 구사하여 핀에 볼을 보내는 창의적인 샷은 기존 골프의 보편적 수행 방식을 수정 변경하여 문제를 해결한 대표적 사례이다. 경기 중 트러블 상황에 놓이면 선수는 훨씬 풍부한 상상력으로 샷을 만들어야 한다. 여기에는 정상적으로 해오던 보편적인 샷을 변경하거나 수정할 수 있도록 역발상적 생각을 할 수 있어야 한다.

P는 원래 목적과는 다른 용도로 사용할 수 있는지를 보는 것이다. 창의성이 뛰어난 사람은 골프 클럽 하나를 보여주고 어떤 용도로 쓸 수 있는지 말해 보라고 하면 보통 5초에 하나씩 1분간 쉼없이 10개 이상을 이야기한다. 하지만 누군가는 한참을 생각한 후 하나씩 고작 4, 5개 밖에는 용도를 찾지 못한다. 골프 경기에서도 클럽을 다양한 용도로 목적을 바꾸어 쓸 수 있도록 연습해 둘 필요가 있다. 예를 들어, 가끔 우드로 퍼팅이나 어프로치를 해야 하기도 한다.

E는 문제 해결을 위해 특정 기능이나 부분을 제거하는 것이다. 이것을 골프에 적용하기 위해서는 이미지 집중 훈련을 받을 필요가 있다. 골프 경기를 하는데 심리적으로 영향을 미치는 이미지 장애물은 많이 있다. 이러한 이미지 장애물을 제거하는 것은 실수를 줄이는데 효과적이다. 예를 들어, 해저드를 건너야 하는 샷의 경우 해저드를 페어웨이 잔디로 이미지 변환하여 제거하거나 그린사이드 벙커와 같은 이미지 장애물을 없애는 것이다.

R은 문제 해결을 위해 재배치하거나 거꾸로 대입하거나 하는 모색을 통해 답을 구하는 것이다. 골프 경기에서 1, 2, 3, 4라운드의 전략은 라운드 진행에 따라서 완전히 바꾸어야 할 필요가 있다. 버디를 목표로 한 홀과 안전하게 파를 목표로 해야 하는 홀에 대한 전략은 1라운드의 결과에 따라 2라운드를 계획하는 것이 달라져야 하며, 3라운드 결과에 따라 4라운드 전략이 재설정될 필요가 있다. 즉, 컷 탈락에 몰린 경우와 우승을 다투는 상황의 라운딩은 전략적으로 재설정될 수

있어야 한다.

물론 투어에서 경쟁하는 모든 선수들은 의도하든 아니든 SCAMPER 의사 결정 방식을 시합에서 나름 활용하고 있을 것이다. 하지만 얼마만큼 더 적극적으로 경기에 SCAMPER 의사 결정 방식을 활용하는가를 돌이켜 보면 본인의 골프 의사 결정 능력을 간접적으로 가늠할 수 있을 것이다.

2-4 외적 능력Outer Power

골프 경기력에 영향을 주는 요인으로 골프 외적 능력 또한 매우 중요하다. 골프 외적 능력의 한 요인으로 LPGA 투어에서 활약 중인 리디아 고 아버지는 "선수 경기력에 영향을 미치는 요인 중 하나로 코치나 캐디보다 가족이 가장 중요하다"고 말한다. 선수가 자기의 경기력을 발휘하는데 가족의 존재가 중요하며, 가족의 관계에 문제가 생기고 화목하지 못하면 선수가 경기력을 잃게 된다는 것이다.

▲ 휴식, 선수의 취미 생활, 선수들, 가족간 상호 교류도 경기 외적 능력의 중요한 요인이다. 즐거운 골프 외적인 교류를 통해 오늘 시합의 스트레스를 풀고 다음 라운드에 임할 수 있도록 해야 한다.

물론 경기 외적 요인으로 선수의 경기력에 영향을 미치는 요인들은 생각보다 많다. 코치와의 관계, 스폰서와의 관계, 시차 적응 문제, 음식 문제, 투어 선수 간의 교류 등 선수에게 있어 많은 경기 외적 요인들 가운데 소홀히 넘길 수 없는 것들이 많다. 또한 경기 외적 능력에서 중요한 것 중의 하나로 선수의 취미 생활을 들 수 있다. 한국의 골프 선수들과 미국 골프 선수들 사이에 가장 큰 차이 하나를 말하라면 유연하고 창의적인 사고 능력의 차이를 이야기하고 싶다. 이러한 차이는 어디에서 온 것일까?

아마 어려서부터 골프를 접하고 훈련하는 과정들이 한국의 선수들과 다른 것에서 찾을 수 있을 것이다. 내가 미국에서 접하는 아이들 대부분은 자신의 의지로 골프 선수가 되기를 원하고 결정한다. 무엇보다도 재미있어서 한다는 것이다. 운동을 하면서도 학교 생활과 취미 생활에 충실하게 임한다. 반면 한국에서 접한 많은 선수들은 골프를 시작하게 된 동기에서부터 부모의 영향력이 매우 크다. 일단 선수의 길을 가게 되면 창의력을 키울 수 있는 기회를 얻기가 힘들다. 학교를 떠나 오직 골프와의 전쟁을 하기 때문이다.

골프는 창의적인 사고와 집중력을 요하는 경기인데, 이런 정신적 요인은 연습에 의해서 키울 수 없는 부분이며 오랜 시간 본인이 좋아하는 것들을 하면서 키워진다. 특히 창의력은 선천적인 부분도 있지만 무엇을 경험하는가에 따른 환경적 요인을 통해 발달한다. 따라서 골프 선수는 골프장 밖에서의 경험과 활동 또한 훈련의 연장이라고 생각해야 한다.

다음의 Albert Einstein이 했던 말을 참고하기 바란다.

- “I have no special talent. I am only passionately curious”
- “It's not that I'm so smart; it's just that I stay with problems longer.”
- “Information is not knowledge. The only source of knowledge is experience.”
- “A person who never made a mistake never tried anything new.”
- “Imagination is everything. Imagination is more important than knowledge.”

▲ "창의적인 골퍼가 정상에 선다."
정상의 골퍼가 되려거든 망설이지 말고 골프세상 저편에 있는 다양한 경험을 하면서 자신의 골프를 뒤돌아보고 생각의 전환을 두려워하지 말아야 한다.

상상력을 키우는 것은 생각이 틀에 묶여있지 않아야 한다. 가끔 어린 시절부터 정형화된 골프 스윙의 틀에 묻혀서 성장하는 한국의 골프 꿈나무들을 보면 매번 안타까움이 남는다. 그럼 이미 성장하여 투어에서 활약하는 선수들에게 창의적인 사고 능력을 키워주는 것이 가능한 일일까? 사고의 폭을 넓히고 보다 창의적인 골프를 하는게 가능할까? 난 가능하다고 본다.

"창의적인 골퍼가 정상에 선다."

타이거 우즈나 필 미켈슨이 골프에서 보여주는 남다른 창의성을 참고하기 바란다. 우선 창의성을 키우기 위한 마음의 준비가 되었다면 다음 경기를 위해 이동하는 시간에 간편한 추리소설을 읽는 것 부터 시작하기 바란다. 무엇보다 상상력을 경기와 연결해야 하는 골프 경기의 특성상 추리소설을 통해 상상력을 키우는 훈련을 하는 것도 좋을 것이다. 인간의 신체기관 중 뇌는 많이 사용함으로써 퇴보하지 않고 더 발달되므로 적당한 자극이 있는 두뇌 활동을 지속하는 것은 멀리 보면 "창의적 골프를 하는데 있어 바람직하다"고 할 수 있다. 더불어 골프 경기력의 외적 능력 가운데 시합 중 각 라운드마다 일어나는 대기 시간의 활용에 변화를 주는 것부터 시작해도 좋다. 각 라운드를 마치고 다음 라운드까지 시간을 어떻게 활용하는가는 경기력에 직·간접적으로 영향을 미치는 요인이 될 수 있다. 수면과 휴식, 샷의 점검과 적정한 연습을 통해 다음 라운드를 준비하는 과정 역시 경기력에 영향을 미칠 수 있는 경기 외적인 능력으로 중요한 요인이다. 라운드를 마치고 다음 라운드까지 얼마만큼의 휴식과 연습이 적절한지, 수면은 몇 시간이 적합한지, 경기 준비를 위해 몇 시에 일어나고 식사량은 어떻게 하고, 경기 전 워밍업 루틴은 어떤 프로그램으로 얼마간 하는 것이 선수의 경기력에 가장 좋은지를 알아야 할 것이다.

만일 경기 시작 후 정상적인 경기 감각을 느끼기까지 시간이 오래 걸린다면 본인이 가진 워밍업 루틴 프로그램에 보완할 부분이 있는지 점검해 볼 필요가 있다. PGA 선수들의 워밍업 루틴 시간은 대략 1시간에서 1시간 30분 정도이다. 물론 2시간을 소비하는 선수도 있지만 평균적으로 1시간 15분 정도가 적합해 보인다. 외적 능력의 요인 중 캐디와의 관계 또한 매우 중요하다. 캐디와 감정적 불편함이 있으면 아주 사소한 문제라도 경기 전에 해소해야 한다. 문제를 해결하는데 시간이 걸린다면 감정적인 문제를 해결할 때까지 로컬 캐디의 활용을 권한다. 외적 능력에 있어 선수를 응원하는 팬과 팬클럽의 활동 또한 선수의 경기력에 영향을 주는 요인이 되므로 경기력에 도움이 될 수 있는 팬클럽 문화를 만드는 것도 중요하다. LPGA에서 활약하는 이미향 프로의 아버지는 건전한 팬클럽 문화를 만드는데 있어서는 "팬과 소통하는 선수의 역할"도 중요하다고 강조한다.

▲ 적절한 휴식과 취미 생활의 만족도 또한 선수가 발휘하는 경기력에 영향을 줄 수 있는 외적 능력 요소가 된다.

2-5 골프 경기력Performance Power

지금까지 골프 경기력에 관련하여 설명한 기술적, 신체 물리적, 정신적 요인들은 모두 상호 간에 많은 영향을 미치는 매우 밀접한 관계에 있다. 따라서 골프 기술적 수준이 높아도 경기력은 언제든 달라질 수 있으며, **정신적 요인인 내적 능력은 샷의 기술적 능력에 영향을 주기도 하고 신체 물리적 능력이 내적 능력에 적지 않은 영향을 미치기도 한다**. 선수 경기력을 분석하다 보면 몇 가지 흥미로운 상황들이 있다.

어떤 선수는 같은 코스에서 경기를 매번 하는데 반복적으로 보기를 많이 하거나 버디를 많이 하는 홀이 있다. 4라운드 경기에서만이 아니라 몇 년간 같은 홀에서 보기를 반복하는 경우도 본다. 매년 성적이 좋았던 코스에서는 성적이 좋을 확률이 높거나 컷 당했던 코스에서는 컷 당하는 확률이 높다.

▲ 선수가 좋은 경기력을 갖추었다는 말은 골프 기술적 능력과 내적 능력, 외적 능력, 신체 물리적 능력, 창의적 판단 능력 등이 복합적으로 선수에게 잘 결합되어 있다는 것을 의미한다.

왜 그럴까? 오전 조에서 경기할 때가 오후 조에서 경기할 때보다 성적이 좋거나, 1라운드에 5오버파를 치고 다음날 같은 코스에서 6언더를 치기도 한다. 초반에 잘하다 후반에 경기력이 떨어지거나 오히려 후반이 되어야 경기력이 상승하는 선수가 있다. 더블 보기를 하고 급속히 경기력이 떨어지는 선수가 있는 반면, 경기에 더 집중하는 선수가 있다. 동반 선수가 누구냐에 따라서 경기력에 영향을 받기도 한다. 이러한 골프 경기력의 규칙성과 불규칙성은 선수마다 다르게 나타난다. 이러한 현상들은 프로뿐만 아니라 아마추어에게도 흔하게 나타나는 상황들이다. 골프 선수가 발휘하는 경기력은 앞서 설명한 몇 가지 경기력 요인이 복합적으로 작용하는 가운데 선수마다 영향을 미치는 주요 요인이 무엇이냐에 따라서 많은 차이를 보인다. 선수들의 골프 경기력은 실로 변화무쌍하다. 그렇다면 확률적으로 우승이 많고 성적이 좋은 선수와 달리 경기력이 좋은데 우승을 못하는 선수는 어떻게 설명되어야 할까?

보다 좋은 경기력을 갖추기 위해서는 경기력이 무엇인가를 바로 인지해야 한다. 즉, 좋은 경기력을 갖추었다는 것은 골프 기술적 능력과 내적 능력, 외적 능력, 신체 물리적 능력, 창의적 판단 능력 등이 복합적으로 선수에게 잘 결합되어야 한다는 것이다. 이들 5가지 골프 경기력 요소는 상호 작용에 의해 선수가 낼 수 있는 성적을 변화무쌍하게 만든다. 타이거 우즈나 아니카 소렌스탐과 같이 탁월한 경기력을 가졌다 하더라도 신체 물리적 능력의 변화는 골퍼가 갖고 있는 우수한 기술적 능력을 시간과 상황을 떠나서 항상 똑같이 유지하도록 보장하지 않는다. 따라서 기술적 능력이 제대로 발휘될 수 있도록 창의적 판단 능력 향상에 보다 많은 노력을 기울여야 한다.

CHAPTER 3

선수 경기력과 골프 통계

MATT MCQUILLAN
RBC
BRYDEN MACPHERSON
RYUJI IMADA
Paul Claxton
FRANKLIN LANGHAM
PRECEPT
Matt Peterson
TOMMY TOLLES
TIM SIMPSON
CHIP BECK
VICKI GOETZE-ACKERMAN
TAYLOR LEON
JWJ
CHRIS KIRK
ERIK COMPTON
G15
PING
Bubba Watson
BRIAN HARMAN
RUSSELL HENLEY
PING
Harris English
B330
BRIDGESTONE GOLF
Hudson Swafford
ADAM MITCHELL
SCOTT PAREL
BRENDON TODD
KEVIN KISNER
JUSTIN BOLLI

골프 경기에서 통계는 무슨 의미가 있으며, 어떤 가치를 갖는가?

PGA, LPGA를 포함한 세계의 각 투어에서 활동하는 선수들에 대한 여러 가지 경기 통계 지표는 인터넷 웹 사이트에서 쉽게 접할 수 있으며 많은 분석가들이 선수의 경기력 분석에 사용한다. 또한, 이러한 통계 수치는 골프 중계 해설자가 선수에 대해 설명하는 중요한 멘트로 사용되기도 한다. "A선수는 시즌 GIR 평균 퍼팅 순위가 1위로 퍼팅을 제일 잘하는 선수입니다"라는 해설자의 멘트를 가끔씩 접한다.

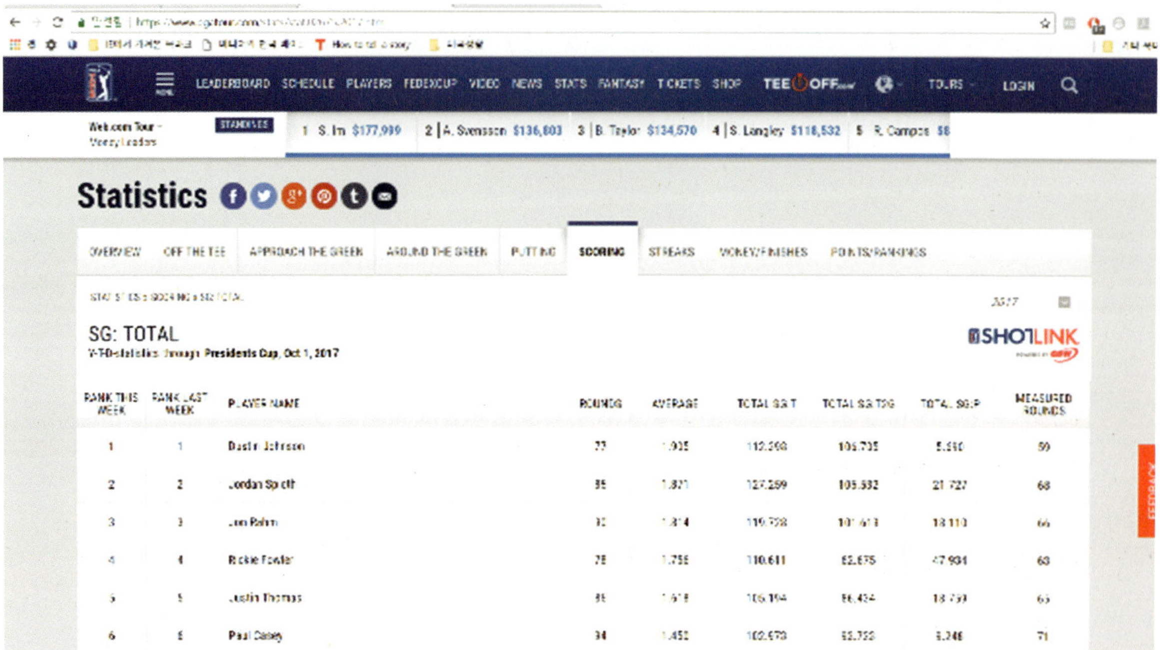

▲ PGA 공식 사이트에서 제공하는 SG 통계는 기존에 선수의 경기력을 나타내는 지표들보다 객관성을 높였다. 동일한 샷거리에서 투어 선수의 상대적인 샷 능력을 비교하게 된다. 특정 거리에서 전체 투어 선수가 낸 통계적 평균을 기준으로 하여 (+) 혹은 (–)의 상대적인 타수 이득을 부여함으로써 거리별 샷 능력을 비교할 수 있도록 하였다. 하지만 일반인은 명확한 개념을 이해하기가 쉽지 않다 .

그러나 SGStrokes Gains 방식을 통해 PGA의 웹 사이트에 경기 관련 통계를 제공하는 Mark Breadie 박사는 기존의 선수 경기력에 대한 골프 통계 지표가 갖는 의미가 해석 방식에 따라서 완전히 다를 수 있음을 지적한다.

그의 통계에 의하면 2015년 Dustin Johnson의 평균 GIR 퍼팅 순위는 2위, 라운드당 순위는 13위였다. 하지만 이 통계는 실제 그의 퍼팅 능력보다 과대 포장된 것이라는 이야기이다. 그의 가공할 만한 드라이버 장타 능력 때문에 세컨드 샷을 그린 가까운 곳에서 시작하게 되어 남들보다 핀에 가깝게 붙이는 확률이 높았다고 설명한다. 따라서 그린 위에서 하는 첫 번째 퍼팅의 거리가 다른 선수들 평균 거리보다 짧았기 때문에 온그린 시의 퍼팅 성공률이 높게 나온다는 이야기다.

따라서 SGStrokes Gains를 적용하여 퍼팅 거리에 따라서 실질적인 퍼팅 능력을 평가하면 Dustin Johnson의 순위는 125위로 하위권에 있으며, 이는 그의 퍼팅 능력이 우리가 알고 있는 것과는 전혀 다르다는 것이다. Mark Breadie 박사가 제안한 새로운 SG 통계가 골프 경기력 구성 요소 가운데 선수의 Technical Power를 보다 객관적으로 정량화하고 있다는 것은 나름 의미가 있어 보인다. 그러나 이러한 통계 방식은 선수 경기력의 기술적 능력을 나타내는데 있어 기존 통계 지표와 비교해서 의미를 명확히 구별하지 않으면 다소의 혼동이 있을 수 있다.

표 3-1은 2018년 시즌 7월까지 Dustin Johnson의 시합 결과를 요약한 경기 통계를 보여준다. 이러한 통계 지표와 SG 지표를 비교해 보면 통계 방식 차이가 동일 선수의 경기 능력 해석에 큰 차이를 가져올 수 있음을 알 수 있다.

표 3-1 Dustin Johnson 시즌 경기 통계(2018. 7 기준)

STANDARD STATS		RANK
DRIVING DISTANCE	312.4	8TH
DRIVING ACCURACY PERCENTAGE	57.67%	152ND
GREENS IN REGULATION PERCENTAGE	69.31%	36TH
EAGLES(HOLES PER)	75.3	2ND
BIRDIE AVERAGE	4.59	1ST
SCORING AVERAGE	68.751	1ST
SAND SAVE PERCENTAGE	50.98%	81ST
FEDEXCUP SEASON POINTS	2,013	1ST
OFFICIAL MONEY	$5,599,752	3RD
OFFICIAL WORLD GOLF RANKING	9.63	1ST

★ 표 3-1 SG 통계 지표

	SG: OFF-THE-TEE	SG: APPROACH-THE-GREEN	SG: AROUND-THE-GREEN	SG: PUTTING	SG: TEE-TO-GREEN	SG: TOTAL
	1st	10th	47th	17th	1st	1st
Value	1.036	.763	.237	.552	2.036	2.587
	31.084 Total SG:OTT	22.880 Total SG:APP	7.104 Total SG:ARG	16.553 Total SG:Putting	1.036 SG:OTT	77.623 Total SG:T
Measured Rounds	30	30	30	30	30	30

우선 드라이브 거리를 보자. 정확도에 대해서 비교해 보면 드라이브 거리는 312.4야드로 전체 투어 선수 가운데 8위이며 정확도는 57.67%로 하위권인 152위를 나타내고 있는데, 이를 드라이버 샷의 능력을 나타내는 SG 통계 지표 OTT Off-The-Tee와 비교해 보면 1.036으로 전체 1위를 차지하

고 있다. 또한 그린 적중률은 69.31%로 전체 36위인데 이와 관련한 SG 통계 지표 ATGApproach-The-Green은 0.763으로 10위를 기록하고 있음을 알 수 있다.

두 가지 지표에서 선수 경기 능력을 나타내는 통계상 의미를 보면 거리 개념을 반영하지 않은 통계에 비해 거리 변수를 활용한 SG 통계 지표와 많은 차이가 있음을 알 수 있다.

즉, 표 3-1 지표에서 Dustin Johnson의 드라이버 정확도 능력을 보면 투어의 하위권에 있어 그의 드라이버 능력이 평가 절하될 수 있다. 그러나 앞에 설명했듯이 드라이버 능력이 퍼팅의 성공률을 높이는데 크게 기여하므로 Dustin Johnson의 전체 경기력에서 드라이버 능력이 차지하는 비중은 매우 높다. 따라서 SG 통계로 나타낸 경기력 지표가 더 설득력이 있다는 생각이 든다. Dustin Johnson의 SG 통계를 보면 퍼팅을 제외한 TTGTee-To-Green은 2.306으로 전체 1위에 해당한다. 이것은 티샷에서부터 그린까지 가는데 있어 전체 투어 선수들이 내는 평균보다 라운드당 평균 2.3타 앞선다고 보면 되겠다.

이러한 SGStrokes Gained 통계 방식은 코스에서 샷을 하는 거리별 PGA 평균 타수를 기준으로 타수 이득을 부여하는 방식이다. 다시 말하면 기존의 통계 방식에서 거리 변수를 대입하여 동일한 거리 조건에 대해서 PGA 선수들이 내는 결과의 통계적 평균을 기준으로 한다. 그리고 각 선수가 해당 거리에서 내는 결과가 이 평균보다 좋은 결과에 대해서는 (+)타수 이득을, 통계적 평균보다 낮은 결과에 대해서는 (-)타수 이득을 부여하는 방식이다. 즉, 동일한 거리 조건에서 얻는 결과를 상대적으로 비교하는 평가 방식으로 기존의 통계 지표가 갖는 의미를 좀더 객관적으로 세분화한 것으로 볼 수 있다. 예를 들어, Strokes Gained 산출을 위해 PGA 선수의 거리별 평균 퍼팅수를 조사한 것에 따르면 8피트에서 평균 퍼팅은 1.5strokes이며 33피트에서의 평균은 2.0이다. 만일 어떤 선수가 8피트에서 퍼팅을 해서 한 번에 성공했다면 0.5의 타수 이득을 얻게되며 33피트에서 한 번의 퍼팅에 성공했다면 1.0의 타수 이득을 얻게 된다. 반면 33피트에서 3퍼팅을 하면 −1.0의 타수 이득을 기록하게 된다. 이렇게 한 라운드 동안 계산된 SG 퍼팅의 수치가 (+)값이면 평균에 비해 그만큼 상대적으로 좋은 경기력을 보인 것이며 (−)값이면 획득한 타수 만큼 평균에 비해 나쁜 퍼팅 경기력을 보인 것이다.

이러한 SG 통계는 선수의 골프 기술적 능력을 명확하게 인지하고 경기력에 대한 메타인지에도 도움을 줄 수 있으며 훈련의 목표 수립에도 충분히 활용될 수 있다. 다만 이러한 통계 결과를 토대로 선수의 경기력 향상에 필요한 목적 지향적인 훈련 목표 수립과 선수 경기력에 대한 메타인지를 위해 활용하려면 분석 전문가의 도움이 필요할 것이다. 물론 SG 지표는 통계 산출에 거리 변수와 러프, 벙커, 페어웨이 조합만을 고려했기 때문에 실제 골프 경기에 있어 볼이 놓인 위치나 코스의 난이도 등이 반영된 결과는 아니다. 골프는 5야드 퍼팅보다 3야드 퍼팅이 어려울 수도 있으며, 90야드 샷이 150야드 샷보다 어려운 조건에 있는 경우가 있다. 골프 경기는 그린 위 핀의 위치가 1야드만 다른 곳으로 옮겨져서 시합을 해도 코스 난이도가 완전히 달라질 수 있다는 점과 경기 당일 바람, 우천 등 다양한 변수를 반영하고 있지 못하기 때문에 선수의 경기력 수준을 완벽하게 보여주는 지표는 되지 못한다. 샷을 하는 조건과 환경에 따라 선수의 평균 타수가 큰 변화를 보이는 것을 고려하면 여전히 선수의 골프 기술적 능력을 평가하는 지수로써 완벽하다고는 할 수 없다. 하지만 틀림없이 SG 통계가 기존의 통계 지표와 비교하여 보다 많은 해석적 의미를 주는 것은 사실이다.

아마추어와 프로의 퍼팅에 대한 통계 하나를 보자. 이들의 퍼팅 통계에 있어 중요한 것은 1m와 3m 거리의 퍼팅 통계이다. 골프를 즐기는 초·중급자와 상급자 그리고 프로의 퍼팅 능력에 대한 차이를 나타내는 통계 지표가 있다.

그림에서 빨강색 선은 아마추어 초·중급자, 파랑색은 상급자, 노랑색은 프로의 퍼팅 결과를 보여준다.

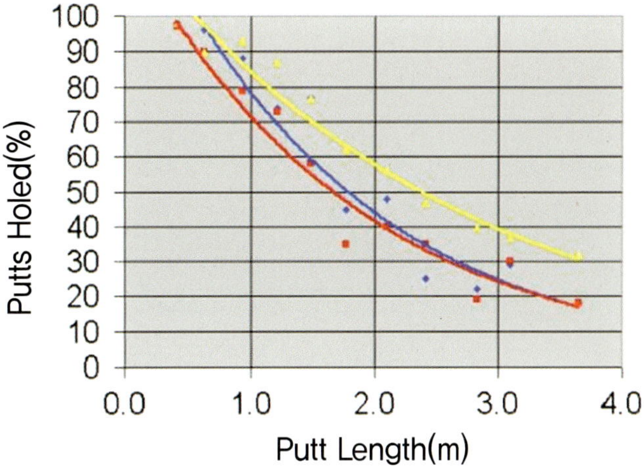

1미터 거리에서의 퍼팅은 초·중급, 상급자, 프로의 퍼팅 성공률이 각각의 수준에 맞게 달라진다. 하지만 3미터 거리에서의 퍼팅 성공률을 보면 중·상급자 간에 차이가 없으며, 아마추어는 프로와 현격한 차이를 보이고 있다. 물론 경사가 많은 경우는 이러한 차이가 더욱 현격하게 나타난다. 1m~3m 거리의 퍼팅 능력은 프로에게 있어서도 매우 중요한 의미를 갖는다.

세계 정상의 위치에 있는 선수는 이 거리에서 퍼팅의 실수가 그렇지 않은 선수보다 현격히 적다. 이와 같이 특정 거리에서의 통계적 결과가 주는 것이 명확한 의미를 담고 있는 것도 사실이다.

3-1 의미있는 골프 통계

1. 아래 그림은 투어 선수의 평균 타수에 대한 분포를 나타내는 가우시안 분포 곡선이다. 중앙 m을 투어 전체 선수의 평균 타수로 볼 때 상위권 선수와 하위권 선수의 편차 분포를 보여준다. 대략 PGA 투어에서 활동하는 70%의 선수가 평균 타수 70.85~71.95의 **약 1타의 차이** 속에 존재한다. 이러한 통계적 수치는 투어 선수 누구든 우승의 확률을 가진다는 것을 말해주는 것으로 이해한다.

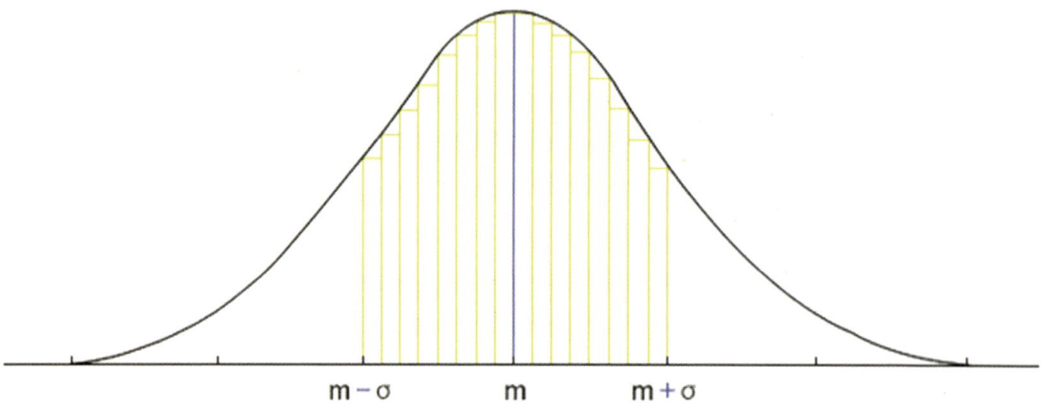

즉, 평균 타수 m은 71.4이며, 표준편차 δ의 범위는 +0.55에서 −0.55는 값을 가진다. 2017년도 기준 LPGA의 경우는 m은 비슷하지만, 표준편차 δ의 범위는 PGA 투어보다 더 큰 약 +0.9에서 −0.9정도로 표준편차가 더 크다. 이는 PGA 투어에 비해 전체 선수의 실력 차이가 더 뚜렷한 것을 보여 주며, 특히 상위권 선수와 하위권 선수의 실력 격차가 PGA 투어 선수들에 비해 큰 것을 말해 주고 있다.

2. 2017년을 기준으로 PGA와 LPGA에서 활동하는 선수들의 평균 타수를 좀더 구체적으로 살펴보자. PGA 투어에서 활약하는 선수 중 상위 10명의 평균 타수는 69.592다. 반면 하위 10명(91~100위 사이)의 평균 타수는 70.82이다. PGA 투어에서 활약하는 선수 상위 100명의 평균 타수는 약 1.2타 내에 모두 존재한다. LPGA에서 활약하는 여자 선수의 경우 상위 10명의 평균 타수는 69.602로 PGA 남자 선수들과 거의 같다고 할 수 있다.
반면 LPGA 하위 10명의 평균 타수는 72.042로 LPGA 선수 상위 100명의 평균 타수 분포가 약 2.4타 사이에 존재한다. 이는 PGA 남자 선수 상위 100명의 평균 타수 편차 분포에 비해 **2배 많은 차이**를 보인다. 다시 말해 PGA와 LPGA의 투어 상위 100명이 갖는 실력 격차가 남자 선수에 비해 여자 선수들이 훨씬 더 크다는 이야기이다.
따라서 LPGA 여자 선수의 우승 경쟁률은 PGA에 비해 상대적으로 낮다고 볼 수 있으며, 동시에 PGA 남자 선수들의 우승 경쟁이 얼마나 치열한지를 잘 보여준다.

3. PGA 투어 남자 선수와 LPGA 투어 여자 선수 간에 아이언 샷의 거리를 비교해 보면 대개 **3클럽의 차이**를 보인다.
예를 들어, PGA와 LPGA의 8번 아이언 평균 거리를 보면 PGA 평균 거리는 160야드인데 비해 LPGA의 5번 아이언 평균 거리가 161야드로 3클럽 정도 차이가 난다. PGA 선수의 P 아이언 평균 거리는 136야드인데 LPGA 선수의 7번 아이언 평균 거리의 경우 약 141야드를 나타낸다. 여자 선수와 남자 선수 간에 비거리 차이를 보면 평균 드라이버 거리의 차이는 약 57야드, P웨지 29야드, 7번 아이언 30야드 정도를 나타낸다. 남녀 선수 간 드라이버 샷의 차이가 다른 클럽이 보이는 차이의 2배 정도 더 큰 차이를 보인다.

4. 2017년 시즌 통계에서 LPGA CME 상위권 선수들의 경기당 각 라운드별 스코어 편차 범위가 **평균 4타**를 보인다. 박성현과 브룩 헨더슨이 각 라운드별 평균 편차가 2.67과 2.4로 가장 적은 편이며 크리스티 커를 제외한 대부분의 선수는 경기당 라운드 스코어 편차가 4.5를 넘지 않는다.

5. PGA나 LPGA 투어 선수가 우승하는데 있어 필요로 하는 몇 가지 통계적 숫자 가운데 통산 하루 **평균 5개의 버디수**가 우승 경쟁을 하는데 필요하다. 물론 메이저 대회는 대개 10언더 전후에서도 우승 경쟁을 하지만 PGA, LPGA의 우승자 평균 스코어를 보면 15~23언더를 전후한 스코어에서 우승이 결정될 때가 많다. 그러면 4일간 하루 평균 5의 버디를 필요로 하고 1개 이내의 보기를 해야 한다. 물론 경기장의 세팅이 점점 어려워지고 있는 추세이지만 장비나 선수들의 기량도 향상된다고 보면 과거부터 숫자 변화는 크지 않았으며, 보기 없이 경기했을 때 20언더파는 골프 경기에서 우승 경쟁을 위해 필요한 매직 넘버로서 인간의 골프 능력을 대변해 주는 숫자인 셈이다.

▲ PGA 선수의 세계 랭킹은 라운드당 평균 버디수의 순위와 거의 유사하다. 우승에 필요한 라운드당 평균 버디수는 5개이다.

3-2 국내외 투어의 통계 비교

골프 기술적 능력에 대한 주요 투어 간에 통계적 비교는 현대 골프의 트랜드를 반영하고 있다. 우선 PGA 공식 사이트에 게제된 주요 투어의 평균 드라이브 거리 변화를 나타내는 아래의 차트를 보면 주요 투어의 차이를 알 수 있다.

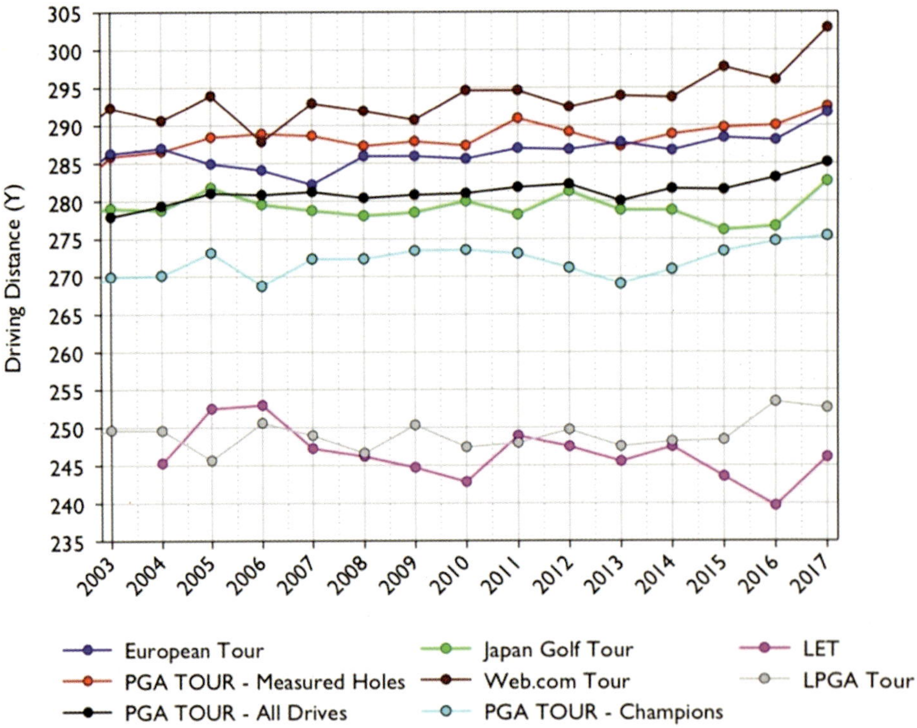

2003년 이전까지 드라이브 비거리는 장비의 발전과 함께 급격히 증가되어 왔으나 이를 규제하는 골프공과 드라이버 반발계수 등에 대한 규정이 만들어지고 난 2003년 이후 PGA 평균 드라이버 거리는 매년 0.2정도씩 15년간 약 1% 증가하는데 그쳤다. 위의 차트를 보면 Web.com투어의 평균 드라이버 거리가 가장 길다. 특히 2017년도에는 전년도 대비 8야드 가량 크게 증가한 것을 알 수 있다. 여기에서 중요한 것은 PGA 투어를 목표로 하는 선수들의 평균 드라이브 거리는 앞으로도 계속 증가할 것으로 보인다. 특히 LPGA 투어의 최근 2016, 2017년 드라이브 거리 변화는 그 이전 13년 동안과 LET 투어와 비교해도 매우 높은 증가를 보이고 있음을 알 수 있다. 하지만 이 거리의 증가는 과거와 달리 힘과 스윙의 변화에서 오는 증가로 보아야 할 것이다. 또한 PGA 투어와 European 투어 선수의 평균 드라이브 거리는 거의 비슷한 수준이지만 아시아의 JPGA 선수들의 평균과는 10야드 이상의 차이를 나타내고 있으며, JPGA와 유사한 거리를 갖는 KPGA 투어의 선수들과도 10야드 이상의 거리 차이를 보이는 것이다.

2013년 PGA 567명의 선수에 대한 드라이버 거리 평균은 288.9야드를 갖는다. 반면 KPGA 선수 477명의 드라이버 거리 평균은 277.6야드로 약 11야드나 적게 나간다. 드라이버 거리의 표준편차는 567명의 PGA 선수가 8.47야드인데 비해 KPGA 선수의 표준편차는 통계 대상 선수의 수가 훨씬 적으면서도 8.57로 더 큰 편차를 가진다. 드라이브 비거리는 KPGA 선수가 PGA 진출을 위해 해결해야 하는 첫 번째 과제인 것이다.

특히 2018년 시즌 데이터를 분석해 보면 세계 랭킹 상위권 선수의 경우 PGA 투어에서 드라이버 거리는 최소 300야드 이상이 확보되어야 한다는 것이다. 세계 랭킹 상위권에 랭크된 Justin Thomas, Jason Day, Bubba Watson, Dustin Johnson, Tony Finau 등 대부분 상위 랭커는 장타 능력을 가지고 있다. 반면 한국 투어에서 뛰는 선수는 드라이버 능력 면에서 PGA 투어의 선수에 비해 크게 뒤지는 편이다. 아마도 한국의 코스 세팅에서 많은 영향을 받았을 것이다. 페어

▲ PGA 투어와 KPGA 투어 간의 평균 드라이버 거리는 11야드 정도의 차이를 보이며, PGA 투어의 과거 15년간 드라이브 거리가 1% 증가하는데 그쳤어도 보다 과학적인 스윙의 발전으로 인해 비거리는 지속적으로 증가할 것이다.

웨이가 좁은 산악지대 코스가 많은 상황에서 OB를 피하는 것이 무엇보다 중요하다 보니 충분한 거리를 확보하는 것보다 정확도를 높이는 연습과 훈련을 하고 코스 공략을 했을 것이다. 이러한 특징은 여자 선수의 경우도 LPGA와 KLPGA가 유사하다.

그린 적중률에 대한 통계 지표를 보면 우선 정확도 측면에서 남자 선수가 다소 앞서고 있으나, 보다 난해한 코스 세팅 상태나 공략 거리 등을 고려하면 남자 선수의 골프 기술적 능력이 월등함을 나타낸다. 또한 투어 선수 간 편차를 보면 PGA 선수의 그린 적중률에 대한 선수 간 편차가 LPGA 선수에 비해 거의 2배 적다는 것이다. 이는 PGA 선수가 훨씬 치열한 경쟁을 해야 한다는 것을 알 수 있다. 다만 여자 선수의 경우는 드라이버의 거리가 세계 상위 랭킹에 큰 영향을 미치지 않는다는 것이다. 비거리가 길면 골프 경기력을 높이는데 매우 유리한 것은 사실이다. 그럼에도 불구하고 특히 여자 선수의 경우는 LPGA와 KLPGA 모두 퍼팅 능력이 상위 랭킹에 절대적인 요인으로 작용한다. 반면 남자 선수의 경우는 양상이 다소 다르다. PGA에서 상위 랭커의 퍼팅 능력은 다소 간의 영향을 미칠지는 모르나 절대적이지는 않다.

2004년 Vijay Singh이 세계 랭킹 1위일 때 라운드당 평균 퍼팅 순위는 115위였다.

2018년 세계 랭킹 상위권에 있는 PGA 선수들의 퍼팅 능력도 30위권 밖에 있는 경우가 많다. 하지만 PGA 선수의 퍼팅 능력은 투어 전체 선수 간 격차가 크지 않으므로 톱 랭커가 되는데 있어 여자 선수들처럼 큰 영향을 미치지 않는다. 반면 PGA 선수가 드라이버 거리를 300야드 이상 확보해야 하는 것은 PGA 무대에서 톱 프로가 되기 위한 매우 중요한 필요조건이 된 듯하다. 더불어 PGA에서 톱 랭커가 되기 위해 가장 중요한 경기 통계적 요인은 라운드당 평균 버디수이다.

2005년 타이거 우즈와 필 미켈슨이 각각 세계 랭킹 1위와 2위일 때의 통계를 보면 라운드당 평균 버디수가 4.6과 4.4로 역시 이 분야 1, 2위를 기록했다.

▲ PGA 선수가 세계 랭킹 상위권에 진입하기 위해서는 300야드 이상의 드라이버 거리를 확보해야 한다.

남녀 투어에 상관없이 세계 랭킹과 라운드당 평균 버디 순위가 거의 유사하게 나타나는 것은 매우 중요한 의미를 제공하는 통계이다. 즉, 방어적인 골프보다는 공격적인 골프 경기를 펼쳐야 상위 랭커에 진입할 수 있다는 말이 된다.

2016년도 Rory McIlroy가 세계 랭킹 1위일 때 SG 퍼팅 순위는 30위권 밖에 있었지만 드라이버 거리는 316.8야드로 3위에 있었으며, 2017년도 Justin Thomas가 세계 랭킹 1위일 때 SG 퍼팅은 40위권 밖에 있었던 반면 드라이버 거리는 역시 314.4야드로 6위였다. 하지만 KPGA 경우는 조금 상황이 다르다. 국내 상금 순위 상위권에 있는 선수와 드라이버 거리와의 상관관계는 그리 크지 않다. 오히려 퍼팅 능력의 상관관계가 더 큰 것이 PGA 투어와 다른 점이다.

표 3-2 라운드당 평균 버디수 변화(상위 5명 평균)

	2014년	2015년	2016년	2017년	2018년 5월
PGA	4.214	4.432	4.296	4.348	4.664
LPGA	4.045	4.082	4.096	4.393	4.288

표 3-2는 최근 5년간 PGA와 LPGA의 라운드당 평균 버디수 변화를 보여주는데 버디 순위 상위 5명의 평균이다. 앞에서 이미 언급했지만 세계 랭킹의 순위와 라운드당 평균 버디의 순위가 큰 차이가 없으므로 톱 랭커들의 평균 버디수라고 이해해도 되겠다. 표에서 알 수 있듯이 매년 평균 버디수는 증가하는 추세에 있다. 2018년도 수치는 아직 시즌 중에 있으므로 다소의 변화는 있겠지만 골프 경기는 매년 더 공격적으로 바뀌고 있으며, 결국 골프 경기력은 한 경기에 얼마나 더 많은 버디를 할 수 있는 능력을 가졌는가를 나타내는 것이라고 볼 수도 있겠다. 물론 버디를 하는 능력과 보기를 피하는 능력 모두 매우 중요한 골프 경기력 요인이다. 하지만 안정적으로 보기를 하지 않기 위한 경기 방식과 더 많은 버디를 하기 위한 경기 방식은 상당히 다르다. 경기 시에

는 홀 공략의 전략과 전술, 클럽의 선택과 샷의 방법이 다르고, 연습에 있어서도 훈련 목표와 방법이 다른 것이다. 사실 골프 경기는 어쩌면 버디를 하기 위한 경기라 해도 과언이 아닐 것이다. 파를 하기 위해서는 굳이 더 많은 거리를 보내거나 그린사이드의 위험 요소를 감수하는 샷을 구사할 필요가 없다. 결국 버디가 보기를 만들기 때문에 골프 경기력이 좋아지기 위해서는 버디를 만드는 능력이 잘 훈련되어야 한다. 골프 경기력의 수준을 종합적으로 나타내는 통계 지표로는 라운드당 평균 타수일 것이다. 최근 5년간 PGA와 LPGA의 상위 5위까지의 평균 타수에 대한 변화를 표 3-3에 나타내었다.

▲ PGA와 LPGA 선수들의 골프 경향은 보다 공격적으로 바뀌어 왔으며, 지속적으로 선수들의 라운드당 평균 버디수가 증가하는 추세이다.

표 3-3 라운드당 평균 타수 변화(상위 5명 평균)

	2014년	2015년	2016년	2017년	2018년 5월
PGA	69.13	69.27	69.41	69.25	69.38
LPGA	69.82	69.76	69.78	69.41	69.58

표에서 알 수 있는 것처럼 PGA 경우 최근 3년간의 자료를 보면 3년 전에 비해 평균 타수가 다소 증가하는 경향을 보인 반면 LPGA의 경우는 과거에 비해 점차 낮아지는 경향을 보이고 있다. 아마도 PGA의 경우는 경기의 코스 세팅이 점차 길어지고 더 어려워지고 있음을 반영한 듯하다. 하지만 LPGA에서도 코스의 세팅은 더 길어지고 어려워지는 경향이지만 박인비, 박성현,

아리아 주타누간, 렉시 탐슨과 같이 뛰어난 상위권 선수들의 경기력이 이전에 비해 높아진 결과라는 생각이 든다.

골프 기술적 능력 가운데 특히 퍼팅에 대한 능력은 PGA와 LPGA 간에 매우 뚜렷한 차이가 있다. PGA 선수는 평균 퍼팅수가 2017년 기준 1.7대에서 1.8대까지 0.1타 사이에 164명이 존재한다. 다시 말하면 퍼팅에 의한 변별력은 크지 않다는 것을 알려주는 통계 지표이다. 반면 LPGA에서 활약하는 여자 선수들의 경우는 평균 퍼팅이 1.686에서 2.006까지 152명의 선수가 무려 0.32타나 차이가 난다. 0.32타는 18홀 동안 퍼팅에서만 무려 5.76타의 차이가 나는 것을 말하며, 이는 PGA 선수의 경우 1.8타의 편차를 보이는 것과는 다르게 여자 선수 간에는 현격한 실력 차이를 보이는 것이다. 어찌 보면 PGA의 남자 선수와 LPGA 여자 선수 간에 골프 기술적 능력의 차이가 가장 많이 나는 부분 중 하나가 퍼팅 능력의 차이가 아닐까 한다. 실제 PGA 시합 그린의 속도나 경사 등에 대한 난이도를 반영한다면 남자 선수와 여자 선수 사이의 퍼팅 능력 차이는 훨씬 더 클 수도 있다. 또한 남녀 골프 선수 간에 더 큰 능력의 차이를 보이는 것은 트러블 샷 능력이 아닐까 한다. 러프, 벙커와 같은 트러블 샷의 경우는 가능하면 클럽의 스피드가 빠른 조건에서 거리를 조절할 수 있는 것이 유리하므로 남자 선수의 기량이 월등할 것이다. 미셸 위가 남자 투어에 도전해서 한 번도 컷을 통과하지 못했던 것은 골프의 전반적인 경기력이 남자 선수가 월등함을 단적으로 보여 준다.

골프는 다른 스포츠와 달리 비거리에 대한 격차가 없다면 남녀 간의 골프 기술적 능력에 대한 직접적인 비교가 가능하다. 선수의 경기력을 나타내는 각종 지표들이 경쟁자들을 비교하는데 쓰이기도 하고 선수 스스로의 경기력을 뒤돌아보며 훈련의 방향을 정하는데 쓰이기도 한다. 이들 경기력을 나타내는 통계 지표들을 살펴보면 우선, PGA와 LPGA 남녀 선수 모두의 경기력에 영향을 가장 적게 미치는 골프 기술적 능력의 지표는 드라이버 정확도이다. 페덱스컵 톱 랭킹에 있거나 상금 순위 톱 랭커의 경우 대부분 드라이버 정확도가 50위 밖에 있는 경우가 많다.

▲ PGA와 LPGA 선수들의 골프 경기력과 가장 상관관계가 적은 골프 기술적 능력에 대한 통계 지표는 드라이버 정확도이다.

2018년 현재 세계 랭킹 1위인 Justin Thomas의 드라이버 정확도는 57.98%로 전체 선수 가운데 이 부분은 146위로 최하위권에 자리하고 있다. 이는 PGA와 LPGA 모두 유사한 통계적 지표를 보이는 공통점이다. 세계 랭킹 1위인 박성현의 경우 68.5%로 100위를 유지하고 있다. 대부분 드라이버 거리가 긴 선수들은 정확도가 낮을 수밖에 없다. 따라서 드라이버 거리가 긴 선수들은 세컨 샷을 러프에서 할 확률이 높다. 그러므로 대부분 장타 선수들의 경우는 러프 샷의 기술적 능력이 높으며, 트러블 샷을 구사하는 능력이 뛰어나다고 볼 수 있다. 대개 장타자로서 세계 톱 랭커에 있는 선수의 특징은 남녀 모두 드라이버 정확도는 하위권이지만 그린 적중률은 상위권에 있다는 것이다.

▲ PGA와 LPGA 선수들의 상금 순위 톱 랭커에 있는 선수의 드라이버 정확도는 하위권이지만 그린 적중률은 대게 톱 10 안에 들어있다.

2014년도 PGA 투어에서 상금 순위 1위였던 로리 맥길로이의 드라이버 거리는 310.5야드로 이 부분 3위의 장타자였다. 하지만 드라이버의 정확도는 59.93%로서 이 부분 순위가 108위로 하위권인데 비해, 그린 적중률은 69.44%로서 전체 6위를 기록하고 있다. 2017년 상금왕인 LPGA의 박성현도 드라이버의 정확도는 120위로 최하위권에 그린 적중률은 75.7%로 7위이고, 2018년도에 드라이버 정확도는 100위권이지만 그린 적중률은 4위를 기록하고 있다. 이것은 드라이버의 편차가 어느 정도의 범위에만 들어갈 수 있으면, 페어를 놓치더라도 보다 짧은 거리에서 홀을 공략하는 것이 용이하다는 것을 말해주는 것이다. 따라서 골프에서 드라이버 거리는 매우 중요하다. 이것은 과거에 비해 지속적으로 투어 선수의 드라이버 거리 평균이 증가하고 있다는 것으로도 알 수 있다.

USGA와 R&A의 2017년 공동보고서에 따르면 PGA 투어의 2003년도 드라이버 평균 거리는 285.9야드인데 비해 2017년에는 292.5야드로 약 7야드가 증가했다. 같은 기간 유럽 투어는 5.4야드 증가했으며, 웹닷컴 투어는 무려 10.6야드가 증가했다. 이러한 추세는 다른 투어도 마찬가지이며 이는 드라이버나 골프공과 같은 장비의 발전도 영향이 있겠지만 더 먼 거리를 보내기 위한 보다 과학적인 스윙 메커니즘의 연구와 변화도 큰 요인이라고 생각한다.

더불어 현재 투어에서 활동 중인 선수 대부분은 본인의 드라이버 비거리를 좀더 늘리기를 원한다. 선수들이 더 멀리 공을 보내기를 원하는 이유는 비거리가 확보됨으로써 홀의 공략이 훨씬 용이해지기 때문일 것이다. 2014년도 드라이브 비거리 1위에서 3위까지의 Bubba Waston, Dustin Johnson, Rory Mcllroy는 모두 상금 순위 10위 안에 들어 있었다. 2017년도 상금 순위 10위권에 있는 선수 대부분이 장타자이고, 최근에는 LPGA에서도 Ariya Jutanugarn을 비롯한 박성현 등 장타자가 상금 순위 상위권에 있음은 드라이버 비거리가 과거에 비해 좋은 경기력을 발휘하기 위해 중요한 요인이 되었음을 의미한다. 과거에는 골프 지도자들이 선수를 키우는데 있어 비거리보다 방향에 중점을 두었다고 볼 수 있다. 하지만 앞으로는 비거리를 늘리기 위한 노력이 더 필요할 것이다.

▲ LPGA에서도 상금 순위 톱 랭커에 진입하기 위해서는 드라이버 비거리를 보다 멀리 보낼 수 있어야 한다. 페어 정확도와 비거리 가운데 비거리를 선택해야 한다.

다음 표는 세계 랭킹 상위 10명의 PGA 선수가 2017년 버디를 만들었던 퍼팅의 평균 거리를 나타내는 표이다.

표 3-4 PGA 선수 Top10 평균 버디 거리(2017년)

Ranking	선수	버디 거리	Ranking	선수	버디 거리
1	Justin Thomas	2.7y	6	Bubba Watson	3.2y
2	Jason Day	3.2y	7	Dustin Johnson	2.9y
3	Phil Mickelson	2.7y	8	Webb Simpson	3.2y
4	Patton Kizzire	3.2y	9	Jon Rahm	3.2y
5	Patrick Reed	3.2y	10	Tony Finau	2.7y
평균 버디 퍼팅 거리			**3.02y**		

세계 랭킹 1위 Justin Thomas가 만든 버디의 평균 퍼팅 거리는 2.7야드로 다른 선수들이 버디를 만들었던 평균 퍼팅 거리보다 0.5야드 이상 짧다. 이것은 아이언 샷의 그린 적중률에 대한 홀 근접 정도를 나타내기도 한다. 다시 말해서 Phil Mickelson의 드라이브 거리는 Dustin Johnson에 비해 훨씬 짧은 것을 감안하면 더 긴 거리 아이언 샷을 했음에도 불구하고 더 짧은 버디 퍼팅의 거리를 만들었다는 것을 의미하며, 세계 랭킹 10위 안에 든 선수의 평균 버디 거리는 약 3야드로서 이는 다른 투어 선수들의 평균 거리보다 훨씬 짧다. 따라서 이 통계는 PGA 선수가 세계적인 수준에 도달하기 위해서 필요로 하는 드라이버 거리와 아이언 샷의 핀 근접도가 얼마만큼 중요한지를 말해 주고 있다. 2004년부터 9년간 LPGA 상금랭킹 10위 이내에 있었던 선수 90명을 대상으로 하여 조사한 'LPGA 선수들의 시즌 성적에 영향을 미치는 경기 기술 요인 탐색'이라는 논문에서는 이들이 좋은 경기 결과를 만드는 주요 요인은 무엇보다 숏 게임 능력과

그린의 적중률이라는 것이다. 하지만 2016년부터는 LPGA의 양상이 다소 다르다. 상금 순위 상위 10명 중 5명 이상이 장타를 치는 선수라는 점이다. 앞에 설명에서 PGA 상위 랭커가 되기 위한 필수 조건으로 드라이버 비거리를 언급했듯이 이제는 LPGA에서도 시즌 성적에 영향을 미치는 기술 요인으로 장타의 드라이버 비거리를 필요로 한다. PGA와 LPGA의 통계적인 자료들에 근거하여 투어 톱 랭커가 되기 위한 공통점을 요약하면 공을 멀리 보낼 수 있어야 하고, 핀에 근접하는 정확한 아이언 샷의 빈도를 높여야 한다는 것이다.

3-3 Top 랭커가 되려면 2, 4라운드에 강자가 되라!

PGA 상금 순위 톱 랭커들이 보이는 경기력의 공통점은 무엇일까? 먼저 2017~18시즌 8월말 기준 상금 순위는 표 3-5와 같으며, 페덱스컵 순위와 큰 차이가 없다.

표 3-5 PGA 상금 순위(2018년 8월 기준)

#	Player	Country	Events	Wins	Amount
1	Justin Thomas	USA	20	3	$7,893,693
2	Dustin Johnson	USA	17	3	$7,301,752
3	Brooks Koepka	USA	14	2	$6,412,793
4	Justin Rose	ZAF	15	2	$5,814,678
5	Bubba Watson	USA	21	3	$5,196,598
6	Jason Day	AUS	17	2	$4,731,601
7	Francesco Molinari	ITA	18	2	$4,650,042
8	Patrick Reed	USA	23	1	$4,634,518
9	Webb Simpson	USA	23	1	$4,610,317
10	Bryson DeChambeau	USA	23	1	$4,569,009
11	Phil Mickelson	USA	21	1	$4,126,332
12	Tony Finau	USA	25	0	$3,833,339
13	Rickie Fowler	USA	18	0	$3,703,337
14	Jon Rahm	ESP	17	1	$3,663,668
15	Rory McIlroy	NIR	15	1	$3,609,521

시즌 우승이 없이 Top15에 이름을 올린 선수는 Tony Finau와 Rickie Fowler 두 명이다. 반면 표에서 빠진 Patton Kizzire는 2회의 우승을 하고도 상금 순위는 20위에 머무르고 있다. 뿐만 아니라 Jon Rahm을 포함한 16명의 선수는 우승을 하고서도 상금 순위가 중하위권에 있다. 평균 스코어와 상금 순위 관계는 표에서 보는 것처럼 비례하지 않는다. 시즌 평균 스코어 Top15에 있으면서 상금 순위에서 Top15에 들지 못한 선수는 Joaquin Niemann를 포함하여 7명이나 된다. 특히 Joaquin Niemann은 평균 스코어 부분 2위이면서도 상금 순위는 중하위권에 있다. 사실 평균 스코어는 선수의 골프 경기력을 종합적으로 나타내는 경기력 지표이기도 하다. 그러나 각 경기의 규모나 순위별 상금 배정 방식, 그리고 대회 참가 횟수 등에 따라서 상금 순위는 평균 타수와는 다소 상이한 결과를 보이기도 한다.

참고로 다음 표 3-6은 선수의 평균 스코어를 중심으로 한 랭킹을 보여준다. 각 라운드별 평균 스코어를 함께 보여주고 있다.

표 3-6 PGA 평균 스코어(2018년 8월 기준)

#	Player	R1	R2	R3	R4	Final R	Overall
1	Dustin Johnson	69.38	67.27	68.93	69.00	69.00	68.64
2	Joaquin Niemann	68.77	70.46	69.44	67.78	67.78	69.20
3	Justin Thomas	69.50	69.88	68.75	68.94	68.94	69.28
4	Justin Rose	69.50	69.46	69.54	69.08	69.08	69.40
5	Webb Simpson	69.32	69.62	69.41	69.35	69.35	69.43
6	Brooks Koepka	70.31	68.58	71.09	68.27	68.27	69.57
7	Jordan Spieth	71.16	69.00	68.93	69.07	69.07	69.63
8	Patrick Fowler	68.89	69.78	69.67	70.40	70.40	69.65
9	Henrik Stenson	69.38	69.62	70.18	69.73	69.73	69.71
10	Zach Johnson	69.52	69.45	70.68	69.28	69.28	69.73
11	Jason Day	70.13	69.07	69.62	70.31	70.31	69.78
12	Jon Rahm	69.27	70.21	68.75	71.00	71.00	69.79
13	Steve Stricker	68.45	69.82	70.78	70.44	70.44	69.80
14	Ryan Moore	69.52	70.05	69.19	70.50	70.50	69.81
15	Tommy Fleetwood	70.14	69.85	70.00	69.33	69.33	69.84

그럼 좋은 경기력을 보이면서도 상금 순위 상위권에 있지 못한 선수들과 상위권에 있는 선수들의 경기 패턴은 어떤 차이가 있을까? 우선 각 라운드별로 평균 타수의 변화를 확인해 보자. 1라운드 만의 평균 스코어 순위를 보면 표 3-5의 상금 순위 10위 안에 있는 선수 모두 10위권 밖에 있다. 하지만 2라운드 성적을 보면 양상이 다르다.

Dustin Johnson이 67.27로 2라운드 평균 스코어 1위를 기록하고, 상금 순위 10위 안에 있는 선수 가운데 5명의 선수가 2라운드 평균 스코어 Top10에 올라와 있다. 상금 순위 상위권의 나머지 선수도 대부분 상위 20위 안에 있어 컷을 통과하는데 있어 문제가 되지 않는다.

또한, 3라운드 평균 스코어 순위에는 Justin Thomas와 Dustin Johnson만이 10위 안에 있고, 상금 순위 Top10의 나머지 선수는 대부분 20위권 밖에 있다. 마지막 날 4라운드 시합의 스코어 양상은 다시 상금 순위 10위권에 있는 선수들이 약진을 보인다. 4명의 선수가 10위권 내에 있으며 나머지 대부분 선수도 상위권에 랭크되어 있는 것을 알 수 있다. PGA Top10에 있는 선수들의 경기 유형이 2, 4라운드에서는 1, 3라운드보다 더 강한 경기력을 보여준다는 것이다. 이것은 무엇을 의미할까? 아마도 2라운드 컷 탈락과 4라운드 우승 경쟁이 PGA 상위권 선수들의 높은 승부욕을 자극하는 것은 아닐까? 승부욕은 집중력으로 이어져 상대적으로 부담이 적은 1, 3라운드에 비해 훨씬 집중력 있는 경기를 펼친다고 보아야 할 것이다. 반면 1, 3라운드에서 좋은 성적을 보이지만 2, 4라운드에서 타수를 많이 잃어버리는 선수의 경우는 승부욕이나 긴장감이 덜할 때 좋은 경기를 펼치는 선수의 유형이 아닐까 한다. 명확한 것은 2, 4라운드에서 더 큰 집중력과 승부욕이 필요하다는 것이다. 표 3-7은 각 라운드별 평균 스코어에 대한 순위 변화를 정리한 것이다.

표 3-7 상금 순위와 각 라운드별 평균 스코어 순위 비교

#	상금 순위	R1 평균 스코어 순위	R2 평균 스코어 순위	R3 평균 스코어 순위	R4 평균 스코어 순위
1	Justin Thomas	Steve Stricker	Dustin Johnson	Tiger Woods	Joaquin Niemann
2	Dustin Johnson	Joaquin Niemann	Brooks Koepka	Bronson Burgoon	Brooks Koepka
3	Brooks Koepka	Rickie Fowler	Johnson Wagner	Justin Thomas	Ptton Kizzire
4	Justin Rose	Patrick Cantlay	Bryson DeChambeau	Jon Rahm	Phil Mickelson
5	Bubba Watson	Cameron Percy	Jardan Spieth	Rory Mciloy	Hideki Matsuyama
6	Jason Day	Beau Hossler	Jason Day	Dustin Johnson	Justin Thomas
7	Francesco Molinari	Chris Kirk	Kevin Srreelman	Jordan Spieth	Dustin Johnson
8	Patrick Reed	Joel Dahmen	Cameron Percy	Trey Mullinax	Keith Mitchell
9	Webb Simpson	Jon Rahm	Zach Johnson	Blayne Barber	Jordan Spieth
10	Bryson DeChambeau	Tony Finau	Justin Rose	Austin Cook	Justin Rose

특히, 2라운드 평균 성적을 보면 PGA 상위권 선수들의 경기 패턴이 더욱 명확해 진다. 페덱스컵 순위 상위권에 있는 선수 대부분이 2, 4라운드 평균 스코어 순위 15위권 안에 포진하고 있는 것을 알 수 있다. 어찌 보면 실제 우승 경쟁에 있어 상위권 선수들의 승부욕과 집중력이 나머지 선수들에 비해 훨씬 뛰어나다는 것을 명확히 보여주는 결과일 것이다. 예를 들어, 표에는 없는 Dylan Frittelli 선수의 경우 1, 2라운드 평균 타수가 73.29로 하위권에 있지만 컷을 통과했을 때 3라운드 성적이 68.25를 기록하고 있다. 전체 투어 선수 평균에서 가장 좋은 성적이다. 하지만 4라운드 성적이 72.50으로 다시 떨어지는 경기 양상을 보이는 것은 페덱스컵 랭킹 상위권의 선수들과 대조되는 경기 패턴이라 하겠다.

▲ PGA에서 상금 순위 Top10에 있는 선수들의 특징 중 하나는 2, 4라운드에 강하다는 것이다.

즉, 어떤 선수의 경우는 3라운드에서 평균 68대 타수를 기록하는 경기력을 가졌음에도 컷 통과가 달린 2라운드와 우승 경쟁을 해야 하는 파이널 라운드에서는 하위권의 경기력을 보이는 것은 골프 기술적 문제라기보다는 골프 내적 능력의 문제일 가능성이 높을 것이다. 이러한 통계적 근거는 다음 장에서 설명되는 골프 메타인지의 중요한 요인이며 선수가 경기력을 향상시키기 위해서 무엇을 준비해야 하는가를 간접적으로 내포하고 있다.

PGA 상금 순위 Top10에 있는 선수들의 2, 4라운드 경기력이 다른 선수에 비해 현격하게 높아진다는 것은 골프 내적 능력이 경쟁 선수들에 비해 높다고 보아야 할 것이다. 라운드를 거듭하면서 경기력이 좋아지거나 나빠지는 선수가 있는가 하면, 각 라운드별로 경기력에 큰 차이를 보이는 선수도 있다. 라운드별로 경기력의 차이가 생기는 것은 모든 골프 선수에 있어 일반적인 현상이지만 이런 차이가 심리적 요인에 의한 것인지 신체적 요인에 의한 것인지를 명확히 할 필요가 있다. 이것은 골프 경기력 메타인지에서 중요한 것 중의 하나로, 내적 능력이 기술적 능력에 영향을 미치는 정도를 파악함으로써 문제 해결의 방법을 찾을 수 있기 때문이다. 다음 장에서 설명될 골프 경기력의 메타인지 과정에서 이에 대한 보다 자세한 설명을 하기로 하고, 골프 통계가 경기력을 분석하고 훈련의 목표와 방법을 결정하는데 있어 중요한 자료라는 것을 기억하기 바란다.

다음 표 3-8은 2018시즌 7월 기준 페덱스컵 랭킹 상위 10명에 대한 라운드별 오버파 확률을 나타낸 것이다. 상위권 선수들의 라운드별 경기력을 보면 특히 4라운드에 가장 강한 면모를 보여주고 있다. 또한 상위권에 있는 선수가 오버파 라운드를 기록할 확률은 18%로써 10라운드 가운데 2번 이내의 오버파 경기를 한다는 것이며, 컷을 통과하는 확률은 80% 이상이다.

표 3-8 PGA 상위 랭킹 10명의 라운드별 오버파 확률. ( )는 라운드 수

	R1	R2	R3	R4
Dustin Johnson	2(13)	0(13)	2(12)	2(12)
Justin Thomas	4(17)	3(17)	3(15)	3(15)
Justin Rose	0(13)	1(13)	3(13)	2(13)
Bubba Watson	3(17)	2(17)	3(15)	1(15)
Jason Day	4(13)	3(13)	1(12)	2(12)
Bryson DeChambeau	7(19)	4(18)	4(17)	2(17)
Francesco	5(15)	3(15)	1(13)	2(13)
Patric Reed	4(20)	2(20)	3(17)	2(17)
Phil Mickelson	4(18)	2(18)	6(16)	2(16)
Tony Fianu	2(21)	5(21)	4(18)	3(18)
계	35(166)	24(166)	30(148)	21(148)
오버파 확률	21%	15%	20%	14%

3-4 Top 랭커가 되려면 컨디션이 나쁠 때 방어 능력을 키워라

LPGA 투어의 상위 랭커들이 보이는 각 라운드별 경기력 또한 PGA 상위권 선수들과 같이 2, 4라운드에서 비교적 강한 면모를 보인다.

다음 표 3-9에서 보여주는 LPGA 2018시즌 중의 상금 순위와 표 3-10에서 보여주는 평균 스코어의 상관관계를 비교해 보자. 상금 순위와 선수의 평균 스코어 순위를 보면 PGA와 마찬가지로 직접 비례하지 않으며, LPGA 평균 스코어 상위 10위 안에 있는 선수 가운데 4명의 선수가 상금 순위 10위권 밖에 있다.

2018시즌 8월 기준 세계 랭킹 1위에 있는 박성현 선수의 평균 스코어는 70.49로서 22위에 있지만 상금 순위 2위에 랭크되어 있는 것은 상반기 경기력의 편차가 컸다는 것을 의미한다. 박성현 선수의 경기별 평균 순위(Avg. Finish)를 보면 49정도로 세계 랭킹 2위인 Ariya Jutanugarn 선수가 13위를 기록한 것과 비교해서 매우 특이한 경우이다. 또한 Ariya Jutanugarn 선수는 상금 순위 1위에 있으면서 동시에 평균 스코어 69.23으로 1위를 기록하고 있다.

표 3-9 LPGA 상금 순위(2018시즌 8월 기준)

#	Player	Wins	T5	T10	Avg.Finish	Score Avg	Winnings
1	Ariya Jutanugarn	3	9	13	13.33	69.23	$2,207,513
2	Sung Hyun Park	3	3	4	49.18	70.49	$1,214,262
3	So Yeon Ryn	1	4	5	19.18	70.05	$1,148,262
4	Nasa Hataoka	1	3	7	33.39	70.26	$99,462
5	Minjee Lee	1	6	9	22.42	69.76	$984,524
6	Brooke Henderson	1	4	8	34.45	69.72	$945,881
7	Jin Young Ko	1	4	10	21.39	69.51	$900,485
8	Inbee Park	1	4	5	28.45	70.21	$878,137
9	Moriya Jutanugam	1	3	7	24.00	70.09	$875,190
10	Calota Ciganda	0	3	5	28.56	70.26	$855,709
11	Sei-Young Kim	1	4	5	29.89	70.22	$807,946
12	Jessica Korda	1	4	5	27.00	69.81	$741,775
13	Lydia Ko	1	2	5	27.63	70.19	$713,471
14	Hyo Joo Kim	0	1	1	52.12	71.06	$701,601
15	Lizette Salas	0	2	4	25.29	70.34	$700,508

표 3-10을 보면 상금 순위 상위권에 있는 선수들 가운데 박성현과 Nasa Hataoka 선수를 제외한 대부분은 선수의 평균 스코어 순위가 상위권에 랭크되어 있다.

표 3-10 LPGA 라운드별 평균 스코어 순위(2018시즌 8월 기준)

#	Player	R1	R2	R3	R4	Final R	Overall
1	Ariya Jutanugarn	69.00	69.50	69.90	68.65	68.81	69.28
2	Jin Young Ko	70.37	69.53	68.81	69.14	68.94	69.51
3	Amy Yang	70.50	69.47	68.45	69.44	69.27	69.57
4	Brooks Henderson	69.24	70.45	69.47	69.67	69.38	69.72
5	Minjee Lee	68.85	70.55	69.69	70.00	69.94	69.76
6	Jessica Korda	68.60	69.93	70.25	70.90	70.92	69.81
7	Shanshan Feng	71.06	69.81	68.79	70.18	69.79	69.98
8	In-gee Chun	69.13	70.86	69.82	70.56	69.92	70.04
9	So Yeon Ryn	69.65	70.29	70.29	69.93	69.82	70.05
10	Lexi Thompson	69.73	70.36	70.29	69.09	69.43	70.05
11	Moriya Jutanugarn	69.86	70.82	69.68	69.88	69.80	70.09
12	Austin Ernst	70.63	70.74	69.79	68.80	69.71	70.18
13	Lydia Ko	69.60	70.85	69.75	70.57	70.00	70.19
14	Charley Hull	70.89	70.61	69.69	69.36	69.50	70.20
15	Inbee Park	70.55	71.09	69.11	69.75	69.56	70.21

또한, 평균 스코어 상위 10위 안에 있으면서 상금 순위 10위에 들지 못한 선수는 시즌 중 우승이 없는 3명이며, PGA와 마찬가지로 선수의 경기력을 종합적으로 나타내는 평균 스코어가 상금 순위에 절대적 영향을 주지 않음을 보여준다. 이들 선수 양희영, Lexi Thompson, 전인지 등

3명의 LPGA 상금 순위는 24위, 16위, 42위를 각각 기록하고 있다. 2018시즌 7월 기준 PGA와 LPGA의 상금 순위 상위 20명 가운데 9명은 투어에서 평균 스코어 Top10에 드는 좋은 경기력을 보여주면서도 상금 순위가 높지 못한 것은 다소 의외의 결과이다. LPGA에서 평균 스코어 Top10에 들어있는 이들 3명의 선수가 상금 순위 Top10에 들지 못한 이유를 각 라운드별로 기록된 평균 스코어 관점에서 확인해 보자.

▲ LPGA에서 상금 순위 Top10에 있는 선수들의 특징 중 하나는 라운드별 평균 스코어 편차가 적다는 것이다.

먼저 이들의 3, 4라운드 평균 성적은 2위, 9위, 32위이며, 상금 순위 10위 내에 있는 선수 중 7명의 선수가 12위 안에 랭크되어 있다. 전인지 선수의 경우 1라운드 평균 스코어는 69.13으로 전체 4위에 있지만 2라운드에서 70.86을 기록해 32위로 떨어진다. 3라운드는 다시 69.82를 기록하여 30위에 있지만 4라운드는 70.56을 기록, 45위로 더 하락하였다. 즉 2, 4라운드에 강하지 못한 결과를 보여준다. 반면 양희영과 Lexi Thompson은 전인지 선수와 다소 차이를 보인다. 먼저 Lexi Thompson 선수는 1, 2, 4라운드 평균 스코어가 69.73과 70.36, 69.09로 전체 8위와 13위, 8위를 기록하여 매우 좋은 경기력을 보인 반면 3라운드는 70.29로 전체 43위를 기록하여 1, 2, 3라운드와 큰 편차를 보이고 있음을 알 수 있다. 양희영 선수는 1라운드 성적이 70.50으로 전체 23위를 기록하지만, 2, 3, 4라운드는 모두 60대 타수를 기록하였다. 특히 2라운드 평균 스코어는 69.47로 전체 1위를 기록하였으며 3라운드와 4라운드도 각각 2위와 12위의 좋은 결과를 보이고 있다. 양희영 선수는 라운드별 평균 스코어 기록으로부터 특정한 문제를 찾기가 어렵다.

이들이 상금 순위 상위권에 들지 못한 공통적 이유를 살펴보기 위해 각 라운드별 오버파 기록 확률을 확인해 보자. 전인지 선수는 1, 2, 3라운드에서 오버파 확률이 20%를 전후하며 4라운드에서 25%로 가장 높아 4라운드에서 강하지 못한 양상을 보여준다. 양희영 선수는 1, 2라운드 오버파 확률이 35%를 넘는 반면 3, 4라운드는 0%를 기록하고 있다. 이들은 다른 선수들에 비해 라운드별 경기 편차가 큰 것을 보여준다. 상금 순위 상위 5명의 라운드별 평균 스코어 사이에 최대 편차는 0.54타인데 비해 평균 스코어 상위 10위 안에 있으면서 상금 순위는 중위권을 기록하고 있는 3명의 라운드 최대 경기 편차는 1.89이다.

물론 중하위권 선수들의 4라운드 최대 스코어 편차 또한 대부분 2.0 이상을 보이고 있다. 결국 라운드별 경기력의 기복이 심한 경우는 투어에서 좋은 성적을 내기 어려우며, 상위권 선수일수록 컨디션이 안 좋은 라운드에서 크게 무너지지 않고 방어적으로 경기를 이끄는 능력이 우수하다고 볼 수 있다. 결국 PGA와 마찬가지로 LPGA에서도 4라운드 동안 오버파를 기록하는 라운드 확률이 평균 20%를 넘지 않아야 하며, 각 라운드별 최대 평균 스코어 편차가 1.5 이내에 있어야 투어에서 좋은 결과를 만들 수 있음을 알 수 있다. "컨디션이 좋을 때 잘 치기 보다는 컨디션이 안 좋을 때 스코어를 지키는 방어적 경기 능력을 가지는 것"은 톱 랭커가 되는데 매우 중요한 능력인 것이다.

표 3-11 LPGA 상위 랭커 라운드별 경기 편차(2018. 7)

	R1	R2	R3	R4	편차
Ariya Jutanugarm	69.22	69.95	69.82	69	0.95
Nasa Hataoka	70.67	69.8	69.62	71.36	1.74
So Yeon Ryu	69.86	70.64	70.64	69.73	0.91
Inbee Park	70	70.22	69.11	69.75	1.11
Sung Hyun Park	70.43	71.5	71.28	71.5	1.07
Brooke M.Henderson	69.47	70.76	69.62	69.9	1.29
평균 계	**69.94**	**70.48**	**70.02**	**70.21**	0.54
In-gee Chun	69	70.5	69.8	70.38	1.5
Amy Yang	71.33	70.36	67.88	69	3.45
Anna Nordqvist	71.07	70.6	68.1	69.29	2.97
평균 계	**70.47**	**70.49**	**68.59**	**69.56**	1.89

표 3-11에서 개인별 기록을 비교해 보면 편차 폭이 훨씬 더 큰 것을 알 수 있다. 이것은 LPGA에서 좋은 경기력을 가지고 있으면서도 상금 순위 상위에 랭크되지 못한 원인일 수도 있다. 즉, 4라운드의 경기 중 컨디션이 안 좋은 라운드에서 오버파를 기록하는 확률을 줄여야 전체적인 경기 편차가 줄어들어 우승의 확률이 높아지는 것을 의미한다.

3-5 Top 랭커들은 Par 5에서 더 강하다

LPGA 선수들의 각 코스별 평균 스코어를 계산해 보면 상위권에 있는 대부분의 선수들은 Par 3, 4, 5 모든 코스에서 규정스코어 아래의 결과를 보인다. 하지만 상금 순위 60~70위 선수들은 Par 5에서만 규정스코어 이하를 기록하고 Par 3와 Par 4에서는 규정스코어 이상의 결과를 보여준다. 이러한 경향은 PGA 투어에서도 유사하게 나타난다. 표 3-12에서 보여주는 Par 3, 4, 5의 LPGA 상금 순위 상위 11명과 중위권 11명의 경기 결과에 대한 표를 참조하기 바란다. 여기에서 주목할 점은 상위권 선수와 중위권 선수 간에 Par 5의 경기 결과에서 편차가 제일 크게 나타난다는 것이다. 이들 간의 편차는 Par 3에서 0.07타, Par 4에서 0.11타, Par 5에서 0.13타의 편차를 보인다. 여기에서 보여주는 편차에서는 선수의 경기력을 이해하는데 많은 의미를 찾을 수 있다. 또한 Par 3에서 중위권 선수 11명 중 규정스코어 이내의 결과를 낸 선수는 1명이며, Par 4에서는 11명 모두가 규정스코어 보다 나쁜 결과를 기록하였다. 반면 상위권 선수 11명은 Par 4에서 모두 규정스코어 이내의 결과를 기록하였으며 Par 3에서는 4명의 선수만 규정스코어를 넘겼다. 한 라운드에 보통 Par 3, 5홀이 8개 이내인 것을 감안하더라도 이들 편차를 4라운드 경기 스코어로 환산해보면 중위권 선수들은 Par 3에서 상위권 선수들에게 1.12타 정도 뒤지는데 비해 Par 5에서는 두 배가 넘는 2.48타의 차이를 가지게 된다.

표 3-12 LPGA Par 3, 4, 5 평균 스코어(2017)

상금 순위	Name	Par3	Par4	Par5
1	Sung Hyun Park	2.95	3.93	4.63
2	So Yeon Ryu	3.02	3.94	4.62
3	Lexi Thompson	3.02	3.89	4.58
4	Shanshan Feng	2.96	3.94	4.69
5	Ariya Jutanugarm	3.06	3.99	4.66
6	Brooke M.Henderson	3.00	3.98	4.58
7	Cristie Kerr	2.95	3.98	4.69
8	Anna Nordqvist	3.05	3.95	4.7
9	Moriya Jutanugam	2.94	3.95	4.69
10	Sei Young Kim	2.99	3.96	4.66
11	In-gee Chun	2.93	3.91	4.71
평균(A)		2.99	3.95	4.66
60	Ayako Uehara	2.96	4.06	4.87
61	Alena Sharp	3.02	4.04	4.81
62	Pernilla Lindberg	3.05	4.08	4.86
63	Azahara Munoz	3.03	4.06	4.77
64	Mo Martin	3.02	4.04	4.81
65	Gaby Lopez	3.11	4.08	4.73
66	Jing Yan	3.09	4.07	4.81
67	Peiyun Chen	3.13	4.07	4.79
68	Ally McDonald	3.04	4.07	4.66
69	Brittany Lang	3.06	4.05	4.82
70	Cydney Clanton	3.12	4.06	4.74
평균(B)		3.06	4.06	4.79
편차(A-B)		**0.07**	**0.11**	**0.13**

즉, 훨씬 많은 홀의 경기를 해야 하는 Par 4에서 3.52타의 차이를 보이는 것과 비교해 보면 Par 5에서의 차이가 적지 않음을 알 수 있다. 결국 중위권 선수들은 상위권 선수에 비해 전체적으로 라운드당 평균 1.68타의 격차를 가지며 이는 4라운드 경기에서 6.78타의 차이를 나타내는 것이다.

Par 5에서 상위권 선수와 중위권 선수의 편차가 가장 크게 나타나는 것은 바꾸어 말하면 사용하는 클럽의 수가 많은 홀에서 경기력의 격차가 누적되어 더 커지는 것을 말한다. 이 격차는 한 홀의 경기를 하는데 있어 의사 결정을 해야 하는 횟수가 많아질수록 커지는 것이다. 클럽을 많이 사용하는 만큼 샷의 비거리와 정확도에 대한 경기력의 차이가 누적되어진다는 말이기도 하다. 대개 상위 랭킹에 있는 선수들의 퍼팅 수준이 훨씬 높은 것을 감안하면 Par 5에서의 차이는 경기력의 수준을 비교하는데 있어 더욱 중요한 의미를 가진다.

CHAPTER 4

골프 경기력에 대한 메타인지

골프 선수의 경기력 향상과 관계된 보다 효과적인 훈련 방법은 무엇일까?

▲ 사람의 경험적 DB에 의존하는 훈련 방식은 보다 과학적인 DB를 활용한 훈련 방식으로 변화될 것이다.

과거부터 수많은 골프 지도자들이 고민해 온 명제일 것이다. 동시에 오랜 시간 동안 스윙과 퍼팅 연습에 필요한 많은 도구와 계측 장비들이 개발되어 왔다. 과거 경험적 데이터베이스에 근거한 반복적 훈련 방식에 다양한 도구와 계측 장비들이 활용되는 보다 과학적이고 효과적인 훈련 방식들이 대두되고 있다.

경험적 DB를 중요시하는 골프 지도자들은 본인이 오랫동안 골프를 해오거나 투어에서 축적한 경험을 기반으로 선수의 경기력 개선에 필요한 문제를 찾거나 효과적인 스윙의 문제를 판단하고 훈련시켰다. 이는 주관적 관점이 매우 크게 작용하여 선수가 가진 하나의 동일한 문제를 골프 지도자들마다 다른 진단과 처방을 통해 선수를 지도하게 될 수 있다. 선수의 신체 조건이나 성격, 운동 조건 등이 코치와는 다른 상황에서 축적되어 온 선수의 경험 DB는 골프 지도자가 가진 경험적 DB와 차이가 있을 수 있으며, 이 차이는 선수가 지도자의 티칭 내용을 받아들이는데 장애물이 되기도 한다. 즉, 선수의 스윙을 교정하는데 있어, 스윙의 문제를 바라보는 시각과 효과적 스윙을 판단하는 기준이 코치마다 다를 수 있고, 선수마다 자신의 경험적 DB와 부합하는 코치를 만나는 것이 훈련의 효과를 높이는데 중요한 요인이 될 수 있다. 또한 동일한 샷의 기술적 문제를 가진 선수에게 문제 해결 방안을 제시하는 것이 다를 수 있으며, 어느 해결 방안이 타당한 것인지에 대해 검증할 수 있는 방법은 없다. 반면 과학적 DB를 활용하는 것은 이러한 문제점을

▲ 효과적인 골프 연습 방법은 알파고제로처럼 학습해야 … !

다소 완화할 수 있는 보다 객관적 접근 방법이라 할 수 있다. 우선 골프 선수의 스윙 메커니즘을 분석하고 문제점을 확인하는 과정에 있어 아무리 우수한 경험적 DB를 가진 골프 지도자라고 하더라도 순간적인 스윙을 보고 클럽의 페이스가 움직이는 다양한 변화를 감지하는 것이 불가능하며, 수백 개의 골격근이 움직이는 메커니즘을 해석해 내기가 어려울 것이기 때문이다. 또한 볼의 컨택시 순간적으로 느끼는 감각과 오랜 기간 습관적으로 축적된 경험을 다른 사람과 공유하는 것이 쉬운 일은 아닐 것이다.

설령 타이거 우즈가 가진 훌륭한 스윙을 똑같이 훈련시킨다고 해서 타이거 우즈와 같은 골퍼가 될 수 없다는 것을 의미한다. 하지만 개인의 경험적 DB에 근거한 티칭이나 연습 방법이 불필요한 것은 아니다. 아무리 훌륭한 과학적 DB를 활용하여 선수를 훈련시킨다 해도 오랜 경험적 DB 속에 들어 있는 느낌이나 감각적인 터치 등은 과학적 DB로 설명이 불가능할 뿐만 아니라, 이러한 감각적인 부분을 분석해 줄 수 있는 장치는 없기 때문이다. 따라서 훌륭한 경험적 DB를 소유한 티칭 프로의 감각을 배우는 것은 경기력 향상의 매우 중요한 부분이 되므로 감각적인 훈련을 소홀히 해서는 안 된다. 반면 선수의 경기력에 대한 명확한 분석을 토대로 하지 않고, 특정 지도자의 경험적 DB만을 토대로 스윙을 바꾸거나 훈련 방법을 바꾸는 것은 장기적으로 보면 오히려 경기력을 떨어뜨릴 수 있는 위험을 초래할 수도 있다. 인체는 적응력이 뛰어나 오랫동안 골프를 해온 선수라면 본인에게 맞지 않는 새로운 형태의 스윙을 하게 해도 코치의 말에 의해 좋다고 믿으면 순간적으로 더 좋다고 느낄 수도 있기 때문이다.

바둑에 있어 이세돌 기사와 대국을 했던 인공지능 시스템 알파고를 알 것이다. 최근에 새로이 탄생한 알파고제로에 대해서 이해하면 어떻게 훈련을 해야 할지 명확해 진다. 보다 효과적인 골프 훈련 방법으로 알파고와 알파고제로의 학습 방식에 대한 차이를 이해하면 좋을 것이다. 구글 딥마인드 팀이 인간 최고수들을 격파한 '알파고' 보다 월등한 새 인공지능 '알파고제로'를 새로이 공개했다. 인공지능 시스템 알파고는 외부에서 오랫동안 축적해 온 기사들의 대국 데이터와 인간의 경험적인 지식의 도움을 받아 학습을 하는데 비해 알파고제로는 대국 상대 없이 독학만으로 인간이 수천 년 동안 학습해 온 바둑 이론을 깨달았다는 것이다. 그런데 알파고제로는 알파고와 100번 대국을 해서 100번 모두를 이겼을 뿐 아니라 어디에 바둑을 두어야 할지에 대한 의사결정 시간도 기존의 알파고와는 비교가 안되게 빠르다. 즉, 알파고는 다른 수 많은 기사들의 대국에 대한 경험적 DB를 참고해서 승률이 가장 높은 수를 찾아 가도록 학습하는 인공지능 시스템인데 비해, 알파고제로는 경험적 DB에 의존하지 않고 바둑의 규칙을 스스로 배우고, 인간이 학습하며 응용의 폭을 넓혀가는 것과 같이 정해진 규칙으로 학습하며 진화해가는 시스템이라고 볼 수 있다. 골프의 학습도 마찬가지이다. 누군가의 경험적 DB에 의존해서 자기의 것으로 만드는 것보다 "원리를 이해하고 스스로 연습과 훈련을 통해 자기의 골프를 완성해가는 것"이 처음의 학습 속도는 느리지만 얼마의 시간이 지나면 알파고제로와 같이 훨씬 많은 샷 응용력과 샷의 완성

▲ 코치의 경험적 DB에 의해 정착된 스윙은 문제가 생기면 코치가 필요하지만, 스스로 학습된 스윙은 자기교정(Self Reformmation)이 가능하다. 스윙의 문제는 18홀 경기 중에도 생긴다.

도를 높일 수 있게 될 것이다. 골프에서 원리를 이해해야 한다는 말은 스윙에 대한 역학적인 메커니즘을 해석하기 위해 필요한 고차미분방정식을 이해하고 솔루션을 구해야 한다는 것은 아니다.

예를 들어, 드라이버의 비거리를 늘려야 경기력이 좋아진다는 판단을 하고 비거리를 늘리기 위한 동계 훈련에 돌입했다고 하자. 이 결정이 올바른 것인지부터 확인할 필요가 있다. 이 부분에 대한 메타인지 방법은 뒤에 이야기하기로 하고, 일단 비거리를 늘리기 위해 어떻게 해야 할까? 그와 관련한 경험적 DB를 가진 코치에게 그의 경험적 DB를 전수받는 것이 빠른 길일 수 있다. 열심히 훈련해서 15야드가 늘었다고 하자. 하지만 실전에서 얼마나 도움이 될까? 우선 동계 훈련을 성공적으로 마치고 투어가 시작되어 회심의 샷을 하려고 할 것이다. 실전에서 티샷을 할 때, 선수는 어드레스를 취하고 스윙을 하는 순간에 비거리를 얻기 위한 샷을 위해 선수 뇌에 새롭게 자리한 DB를 검색하기 시작할 것이다.

스탠스는 이렇게, 테이크 어웨이는 이런 궤도로, 톱에서 내려오는 AOA는 이런 각도를 유지해야 하며, 허리턴은 이렇게, 임팩트시 조건은 이렇게 해야 하고 등등…. 동계 훈련 동안 많은 연습을 했고 그땐 잘 되었다 해도 순간 집중력이 잠시라도 흔들리면 틀림없이 실수가 유발될 확률이 높아질 수밖에 없다. 하지만 스스로 비거리를 늘리는 원리를 이해하고 알파고제로처럼 학습해서 비거리가 늘었을 경우는 알파고제로가 결정을 내리는 시간이 알파고보다 훨씬 짧은 것과 마찬가지로 복잡하지 않은 스윙을 구사하게 될 것이므로 실수의 확률은 훨씬 줄어들 것이다. 종종 골프 선수들이 코치의 도움으로 스윙을 바꾸게 될 때 그 스윙에 적응하는데 많은 시간이 걸리거나 원래의 스윙으로 되돌아 오기도 하고, 문제가 되는 경우가 많이 발생한다. 설령 스윙이 자신의 몸에 잘 정착되어 경기를 하다가 어떤 순간 다시 문제가 발생하면, 문제 해결을 위해서 해당 코치의 경험적 DB를 필요로 할 것이다. 하지만 투어 중에 이런 문제를 해결하는 것은 쉽지 않을 것이며, 멀리 있는 코치의 처분을 기다릴 수만은 없을 것이다. 반면 스스로 학습한 스윙이라면 문제의 원인을 스스로 파악하고 대응하는 자기교정Self_Reformation이 가능할 것이다.

메타인지Metacognition란 1970년대 발달심리학자인 존 플라벨J.H. Flavell에 의해 만들어진 용어로 '자신의 생각에 대해 판단하는 능력'을 말한다. 다시 말해, 자신의 '인지 활동에 대한 인지'의 과정을 통해 내가 아는 것과 모르는 것에 대해 인식하고 학습에 이를 반영할 수 있는 능력을 말한다. 선수의 골프 경기력을 높이기 위한 효과적인 연습 훈련 방법은 바로 자신이 가진 골프 경기력에 대한 메타인지를 통해 찾는 것이 바람직하다. 예를 들어, 어떤 선수의 경기 성적이 안 좋아서 코치를 바꾸었다고 하자. 다행히 새로운 코치가 선수의 스윙에서 기술적인 문제를 정확히 진단하고 파악해서 잘못되었거나 부족한 부분을 보완해 준다면 분명히 경기력은 다시 회복될 것이다. 하지만 선수의 경기력에 영향을 미치는 인자가 무엇인지를 판단하는 것은 쉽지가 않다.

대부분의 코치들이 보는 것은 경기력의 한 요소인 Technical Power에 집착하고 스윙에서 문제를 찾으려 하는 경우가 많기 때문이다. 새로운 코치는 본인의 경험적 DB에 적합한 스윙의 형태를 기준으로 스윙을 바라볼 것이다. 실제 경기력에 문제가 생긴 것은 의사 결정 능력이 부족하거나, 자신감의 결여에서 오는 두려움으로 인해 생겼을 수도 있는데 말이다. 따라서 보다 효과적으로 경기력을 높이기 위해서는 메타인지에 근거한 훈련 계획을 수립하는 것이 매우 중요하다고 할 수 있다. **즉, 골프 메타인지란 선수 스스로가 골프의 경기력에서 보완해야 할 점을 명확히 인지하고, 목표한 수준에 도달하는데 얼마만큼의 노력과 시간이 소요되는지를 판단하며, 목표를 이루기 위해 어떤 훈련 방법이 가장 적합한지를 인식하는 자기 성찰의 과정을 말한다.**

하지만 이러한 골프 메타인지의 개념은 추상적이어서는 안 되며 구체적, 객관적, 정량적 관점에서 정리되어야 한다. 최근에는 PGA를 비롯한 LPGA, KPGA 등 대부분의 투어에서 선수의 골프 능력에 대한 과학적인 데이터 산출을 위한 연구와 노력이 이어지고 있다. 또한 국내외 투어에서는 학계의 통계적 분석 기법을 받아들여 투어에서 활약하는 선수 개개인의 경기 결과를 분석하여 제공하기도 한다. 뿐만 아니라 물리학, 역학 분야의 학자들이 스윙과 스핀, 탄도역학 등에 대한 다양한 논문과 저서를 내놓기도 한다. 선수가 상황 응용 능력과 적응성을 갖춘 보다 좋은 경기력을 원한다면 신체적인 훈련과 더불어 자신의 통계적 분석 결과를 피드백 받고 이해하는데 게을리해서는 안 된다. 이러한 분석 결과를 토대로 선수 자신이 가진 경기력에 대해 객관적이며 명확한 메타인지가 되어야 하며 구체적인 훈련의 목표를 설정해야 한다. 결국 선수의 골프 메타인지 과정은 목적 지향적인 훈련을 수행하는데 있어 매우 중요하다 하겠다. 메타인지를 통한 훈련 목표가 명확하게 인식되어야 한다는 것이 경기력 향상에 있어 무엇보다 중요하다고 말할 수 있다.

▲ 골프 메타인지란 선수 스스로가 자기 골프의 경기력에 대해 보완해야 할 점을 명확히 인지하고 목표한 수준에 도달하기 위해 어떤 훈련 방법이 가장 적합한지를 인식하는 자기 성찰의 과정을 말한다.

4-1 골프 경기력 메타인지

골프 메타인지는 선수의 골프 능력에 대한 장점보다 보완점을 확인하는데 목적이 있다. 이를 위해 골프 선수의 경기 내용에 대한 객관적, 구체적, 정량적인 자료를 확보해야 하며, 이들 자료에 근거한 심도 있는 고찰을 위해서는 통계, 해석 분야의 전문가 도움을 받는 것도 바람직하다고 할 수 있다. 선수가 가진 골프 기술적 능력에 있어 무엇이 부족한지를 스스로 인지하고 있는 부분과 그렇지 못한 부분이 있다. 선수가 자신의 부족한 골프 기술적 능력이 무엇인지를 알지 못하면 경기력의 향상을 기대하는 것은 어렵다. 예를 들어, 선수가 어떤 상황에서 반복적인 실수를 많이 하고 샷의 정확도가 왜 떨어지는지에 대해서 인식하지 못한다면 좋은 경기 결과를 기대할 수 없을 것이다. 메타인지의 핵심은 선수 자신이 모르는 경기력의 문제를 인식하고 대처하기 위한 것이다. 이를 위해서는 경기에 대한 통계적 자료가 매우 중요하다. PGA를 포함한 모든 투어 경기의 경우 메인 홈페이지를 통해 거의 실시간으로 선수의 경기 결과와 골프 기술적 능력에 대한 통계 데이터를 제공하고 있다. 하지만 이들 각

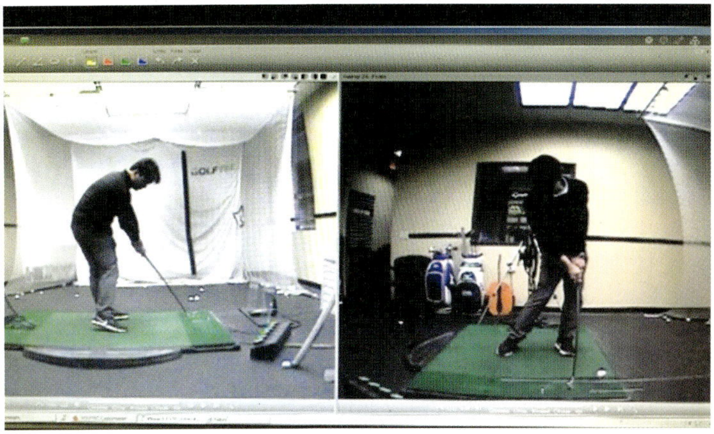

▲ 선수의 경기력 분석을 위한 메타인지 첫 번째 단계는 선수 경기력에 영향을 미치는 다섯 가지 요인(Technical Power, Physical Power, Decision Making Power, Inner Power, Outer Power) 각각에 대한 상관관계 분석이다.

투어에서 제공하는 데이터의 유형은 동일하지가 않으며, 경기력 분석의 목적에 맞도록 데이터를 가공해야 할 필요성이 있다. KPGA의 경우 시즌 주요 평균 데이터를 제공하고 있으며, 모든 투어 선수의 시즌 비교 데이터를 제공하고, 시간대별 라운드 성적, 홀별 샷 트레킹 자료, 동반 라운드한 선수 간의 상관관계, 상황별 퍼팅 데이터, 거리에 따른 세컨드 샷 분석, 숏 게임 능력 지수 등에 대한 자료 등을 외부 데이터 관리팀을 통해서 제공하기도 한다. 물론 이들 데이터를 이용하면 선수의 골프 기술적 능력을 포함한 경기력 일부에 대한 메타인지가 가능하다. 이들 다양한 경기력 평가 자료를 통해 선수 경기력에서 보완해야 할 점을 중심으로 훈련 목표 수립과 적절한 연습 방법을 찾는 과정이 골프 메타인지에 근거한 목적 지향적 훈련 방법의 핵심이라고 말할 수 있다. 즉, 골프 경기력 메타인지MGP, Metacognition of Golf Performance, 훈련 목표 수립과 목표 지향적 훈련OOT, Objective Oriented Training, 자기주도 교정 훈련SRT, Self-Reformation Training 등을 이해하는 것은 선수의 경기력을 획기적으로 향상시킬 수 있는 계기가 될 수 있을 것이다.

경기력 분석을 위한 자료는 각 투어에서 제공하는 공식적인 데이터와 함께 경기력 해석의 방향에 맞도록 선수나 캐디가 직접 경기 상황과 결과를 기록한 것이 필요할 수도 있다. 메타인지의 목적은 선수가 가진 경기력 전반에서 부족한 부분을 인식하고 강화하기 위한 것이며 자신의 경기 패턴이 개선의 여지를 가지고 있는지와 어떤 요인들이 경기 결과에 큰 영향을 미치고 있는가를 인지하는 과정으로 연습과 훈련의 목표를 설정하는데 있어서도 매우 중요하다. 선수가 부족한 자기 경기력을 보완하기 위한 훈련 목표를 수립하고, 보다 효과적인 훈련 방법을 선택하려는 것이 어찌 보면 요즘 교육계에서 학습 능력을 높이기 위해 도입한 자기주도 학습 프로그램과 일부 맥을 같이 한다고 보아도 무방하다. 이를 위해 가장 중요한 것이 선수가 자기 경기력에 대해 주관적으로 인지하고 있는 부분과 분리하여, 경기 결과를 토대로 수집된 자료에 근거하여 자신의 경기에 영향을 미치는 여러 요인들이 무엇인지와 각 요인의 영향을 객관적이고 정량적으로 확인할 수 있는 방법을 찾는 것이다. 대부분 골퍼는 본인이 갖고 있는 골프 기술적 문제를 스스로 쉽게 인지하는 반면, 자신의 골프 경기력에 대해서는 무엇이 문제인지 원인을 모르는 경우가 많고, 문제를 찾아도 이를 해결하기 위한 훈련 방법을 찾는데 더 큰 어려움을 겪는 경우가 대부분일 것이다. 앞에서 설명한 다섯 가지 경기력 요소 가운데 경기 결과에 가장 크게 작용하고 있는 요소가 무엇인지, 즉 만족할만한 경기 결과를 얻지 못한 이유가 의사 결정 능력Decision Power의 문제인지 기술적 능력Technical Power의 문제인지 아니면 내적 능력Inner Power의 문제인지를 확인하는 것부터가 쉬운 일이 아닐 것이다.

▲ 골프 경기력 메타인지, 훈련 목표 수립과 목표 지향적 훈련, 자기주도 교정 훈련 방법은 보다 체계적이고 과학적인 현대 골프의 방향이 될 수 있다.

골프 메타인지에서 골프 기술적 능력의 보완점을 찾는 것과 더불어 앞서 설명한 경기력 요소들 가운데 자신의 골프 내적 능력과 외적 능력, 의사 결정 능력에 어떤 문제가 있는지를 들여다볼 수 있어야 한다.

골프 경기력 분석을 위한 **메타인지 첫 번째 단계는 선수 경기력에 영향을 미치는 다섯 가지 요인**Technical Power, Physical Power, Decision Making Power, Inner Power, Outer Power **각각이 경기 결과에 어떻게 연결되어 있는지 파악하고, 상호 간에 미치는 영향에 대해 명확히 하는 것이다.** 기술적 능력Technical Power은 나머지 4가지 요인에 의해 영향 받을 수 있으며, 이들 중 샷에 가장 큰 영향을 주는 요인을 먼저 명확히 해야만 한다.

▲ 골프 경기력 메타인지 과정은 선수가 가진 경기력에서 보완해야 할 점을 객관적이며 정량적으로 평가될 수 있도록 구체적이어야 한다. 이를 위해 투어에서 제공하는 데이터와 함께 선수나 캐디가 분석 목적에 맞는 자료를 경기에서 직접 기록할 필요가 있다.

예를 들어, 투어에서 어떤 선수가 매번 경기 시작하고 3번 홀까지 보기가 유난히 많은 경우를 알게 되었다고 하자(이것은 자신의 스코어 카드를 관심 깊게 검토해 보면 찾을 수 있다). 원인이 무엇일까? 이 문제를 어떻게 해결하는 것이 바람직한가에 대한 답을 찾는 것은 쉬운 일이 아니다. 하지만 이러한 문제가 3번 홀까지만 발생하므로 Technical Power, Physical Power, Decision Making Power의 문제는 아닐 것이다. 그럼 내적 능력Inner Power의 문제일 수 있다. 많은 선수들은 경기 시작 초반에 긴장해서 처음 3개 홀 동안 근육이 수축될 수 있다. 과도한 긴장의 문제일까? 충분히 가능성이 있다. 아니면 웜업 루틴에 문제가 있을 수도 있지 않는가? 실제 내가 지도했던 선수에게 이러한 문제가 발생했었고 원인은 의외로 경기 외적 능력Outer Power에 있었던 것이다. 웜업 루틴을 셋업하고 이러한 문제는 사라졌다. 실제 투어 프로에게 웜업 루틴은 매우 중요하다. 경기에 임하는데 필요한 웜업 루틴을 선수에게 맞도록 체계적으로 관리하지 않으면 안된다.

경기력 메타인지에 있어 중요한 것은 선수가 가진 골프 기술적 능력에 대한 확인이다. 나의 수준과 투어 상위권 선수의 수준 사이에 어느 정도의 경기력 차이가 있으며 드라이버 샷부터 퍼팅까지의 세부적인 골프 기술적 수준에 있어 자신의 수준을 확인하고 보완하기 위한 명확한 훈련의 방향을 설정할 수 있어야 한다. 즉, **메타인지의 두 번째 단계는 골프 기술적 능력의 보완점을 찾기 위해 투어에서 제공하는 경기 데이터를 활용하여 경쟁 선수들과의 상대적인 수준을 비교 분석하는 것이다**. 그러나 이를 위해서는 각 투어에서 제공하는 지표들이 경기 데이터를 어떻게 가공해서 산출한 것인지를 명확히 알아야 한다. 앞에서 설명했듯이 투어에서 제공하는 데이터는 해석의 방법에 따라서 자칫 잘못된 결론에 도달할 소지도 있기 때문이다. 물론 선수 스스로 데이터 분석이 어려운 경우 평가 분석 전문가에게 도움을 얻는 것도 바람직하다. 이 단계에서는 분석한 결과를 토대로 자신과 경쟁자의 수준을 비교해서 내가 도달 가능한 목표를 설정하는 것이 중요하다고 할 수 있다. 훈련의 목표를 설정하는 것에 대해서는 다음 장에서 보다 상세히 다루겠지만 목표에 도달 가능한 훈련의 방법과 목표 달성 여부를 판단할 수 있는 평가 기준 등이 함께 고민되어야 할 것이다. 선수 경기력의 문제점이 무엇인지를 확인하는 과정에서 때로 투어에서 제공하는 경기 자료만 가지고는 기술적 능력에 대한 메타인지가 어려울 수도 있다.

따라서 **경기력에 대한 메타인지에 필요한 자료를 실제 경기를 통해 직접 산출하는 과정이 필요한데, 이를 위해 표 4-1을 활용하는 것이 메타인지 세 번째 단계이다**. 표 4-1를 사용하여 최소한 5번의 실전 경기(약 20라운드)를 통해 확보한 데이터를 가지고 경기력 메타인지를 활용하기를 권장한다.

표 4-1 메타인지를 위한 경기 내용 기록 양식

경기력 분석 기초 자료

	par4, 380y		내용
Hole 1	퍼팅	거리(y)	5y
		경사	H
		결과	1PUTT
	그린 공략	클럽	PW F
		거리	110F 117
		결과	L2 B3
	그린 주변	난이도	
		결과	
	홀 공략	핀 위치 : F17 R15 페이드 공략, 티샷 FW	

D : Down Lie, U : UpLie
H : Hook Lie, S : Slice Lie
N : 경사 없음

R : 핀 우측, F : 핀 앞
L : 핀 좌측, B : 핀 뒤쪽
ex) BR7 : 핀 뒤 우측 70야드

F : 페이드, D : 드로우
C : 커트롤, P : 펀치 샷

표 4-1은 선수 본인이 경기 후에 직접 작성해도 좋고, 선수는 경기에 집중해야 하므로 캐디에게 부탁하는 것도 좋다. 또한, 이 표는 메타인지를 떠나서 선수가 하루의 경기를 뒤돌아보고

다음 라운드를 준비하는데 있어서도 도움이 될 뿐만 아니라, 투어 선수는 다음 시즌 준비에도 유용하게 쓸 수 있을 것이다. 표 4-1의 경기 데이터를 통해 확인할 수 있는 골프 기술적 메타인지 항목은 크게 다음의 14가지이다.

1. 전체 경기 및 각 시합에 평균적으로 사용되는 클럽들의 빈도 수
2. 각 클럽이 내는 평균 기준 거리 편차
3. 클럽별 미스샷 빈도 수
4. 전체 샷 결과 그린에 떨어지는 볼 탄착군이 이루어지는 양상
5. 그린사이드에서의 어프로치 상황별(Level 1~9) 결과
6. 그린사이드에서의 벙커 샷 상황별(Level 1~4) 결과
7. 퍼팅 거리별 1putt 성공율
8. 퍼팅 경사도별 성공률
9. 2야드 이내 퍼팅 실수가 많은 경사도
10. 3putt 실수가 많은 경사도 및 거리
11. 버디와 보기가 많은 홀의 특징
12. 많이 사용하는 기술샷의 형태와 상황 판단 능력
13. Par 3, 4, 5의 경기력 비교
14. 집중력 유지 능력 등 내적 능력 판단

여기에서 숏 게임 분석에 필요한 어프로치 샷과 벙커 샷은 볼이 놓인 조건을 구분하는 기준이 필요하다. 즉, 어프로치 상황은 핀을 공략하는데 있어 볼의 스피드를 인위적으로 감속할 필요가 있는 정도나, 볼이 놓여있는 상황과 위치, 그린에 볼이 떨어졌을 때 확보되는 공간 등 난이도에 따라 Level 1~9로 구분한다. 벙커의 상황은 볼이 묻혀 있는 정도나 벙커턱의 높이 등에 대한 기준을 정해 난이도 Level을 4단계로 구분하며 이에 대한 설명은 뒤에서 상세히 설명하도록 하겠다.

경기 결과의 통계적 분석을 통한 메타인지의 과정은 의사가 환자의 병을 진단하고 약을 처방하는 과정에서 엑스레이 사진이나 혈액 검사로부터 얻은 분석된 데이터를 살피는 일과 유사하다. 병명을 알면 약을 처방하는 것과 같이 선수 경기력의 문제점을 찾으면 명확한 훈련의 목표가 세워지고 훈련이란 약을 처방하면 된다.

메타인지의 **네 번째 단계는 데이터에 기반한 정량적인 해석의 단계이다. 즉, 의사가 병명을 확정하는 단계로 보면 된다.**

물론 이 단계에서 해석에 도움이 되는 보완적인 자료의 생성도 가능하다. 세부적인 골프 기술적 능력의 진단에 필요한 미션을 수행하여 실제 경기에서 얻은 데이터를 검증하거나, 클럽에 따른 기본 거리와 편차 등 샷의 일관성과 방향성을 재확인함으로써 실수의 원인을 확인할 수도 있으며, 경기 중 결과와 미션 결과를 통해 긴장도에 대해 얼마만큼 영향을 받는지 등 메타인지의 핵심적인 단계라고 할 수 있다. 따라서 골프 기술적 능력에 대한 메타인지는 투어에서 제공하는 통계 데이터, 선수가 직접 도출한 경기 상황 데이터, 그리고 필드에서 독립적으로 미션을 통해 얻은 확인 데이터 등을 모두 활용할 수 있어야 정확한 분석이 가능하다.

▲ 경기 결과의 통계적 분석을 통한 메타인지 과정은 의사가 환자의 병을 진단하는 과정과 다르지 않다. 진단이 잘못되어 잘못된 약을 투여하면 병이 더 악화될 것이다.

4-2 골프 기술적 능력Technical Power의 메타인지

골프 기술적 능력에 대한 메타인지에 있어서는 스윙의 일관성, 드라이버 거리, 클럽별 정확도, 어프로치와 퍼팅 등 골프 기술적인 주요 요인 5가지 항목이 자신의 경기 결과에 미치는 영향의 정도를 인지해야 한다. 우선 이들의 5가지 요인이 내적 능력이나 외적 능력에 영향을 받지 않는다는 조건에서 자신의 경기에 가장 큰 영향을 주는 것이 무엇인가를 알아야 한다. 이 부분은 선수마다 투어에서 제공하는 경기 통계 데이터를 통해서도 분석이 가능하다. 예를 들어, 세컨드 샷 거리별 버디 확률을 확인하면 드라이버 비거리의 영향이 많은지 특정 아이언 샷의 정확도가 높아서인지, 퍼팅의 수준이 높아서인지 어느 정도의 해석이 가능하다. 반대로 보기가 많은 이유도 해석이 가능할 것이다.

▲ 골프 경기력을 보완하는 문제는 환자가 병을 고치는 문제와 같다. 정확한 병명을 알아야 하고, 병을 유발시키는 인자를 알고, 그것을 없애기 위한 정확한 처방이 필요하다.

또한, 내가 만들 수 있는 드라이버 거리의 한계가 얼마이며 현재 그 한계에 도달해 있는지, 내가 가진 스윙이 18홀 4라운드 경기에서 일관성을 유지하는데 있어 어떤 문제가 있는지, 버디가 보장되는 아이언 샷의 핀 근접 평균 확률이 얼마이고 거리 정확도는 몇 야드인지, 어떤 어프로치 상황에서 반복적인 실수가 발생하고 결과가 안 좋은지, 어떤 경사와 거리에서 퍼팅의 성공률이 낮은지에 대한 것들을 아는 것이 골프 기술적 능력에 대한 메타인지이다. 즉, 골프 기술적 능력에 대한 메타인지란 선수가 가진 샷의 장점보다는 약점에 대해서 인지하는 것이다. 특히 경기 중 반복적으로 발생하는 실수나 만족하지 못한 샷이 반복되는 상황들을 확인하는 것이다. 선수의 골프 기술적 수준에 대한 메타인지 과정에는 평가와 분석 기준이 명확해야 한다. 이를 위해 우선 평가 분석에 필요한 경기 자료를 확보하는 것이 중요하다. 골프 기술적 능력에 대한 통계 분석을 위해 선수는 서로 다른 코스에서 최소한 5개 경기 20라운드 이상의 경기 자료를 확보해야 한다. 물론 더 많은 경기에 대한 자료는 더 정확한 분석을 보장해 준다.

본 절에서는 실전 경기 결과를 통해 얻은 표 4-1을 활용하여 선수가 가진 골프 기술적 능력에 대한 메타인지 과정을 중심으로 소개한다. 또한, 경기력 분석 과정에서 부가적으로 필요한 몇 가지 평가 미션을 소개한다. 우선 선수의 기술적 수준을 평가하기 위해서는 정해진 상황의 샷 능력에 대한 비교 대상이 있어야 한다. 보통 비교 대상으로 활용하는 것은 훈련 목표 설정과 매우 밀접한 관련이 있다. 그럼 비교 대상은 어떻게 설정하는 것이 바람직할까? 나는 선수가 속해 있는 투어의 상위 Top10 선수들의 골프 기술적 능력에 대한 평균 수준을 100%로 보고, 자신의 분석 결과를 상대적으로 평가하기를 권한다. 프로 대회에서 상금이나 대중의 관심도에서 중위권 이하는 큰 의미가 없다고 볼 수 있다. 따라서 모든 투어 프로들은 적어도 Top10을 목표로 해야 하지 않을까 한다. 그럼 골프 시합에서 좋은 성적과 관련한 골프 기술적인 요인은 무엇을 고려해야 할까? 그것은 스윙의 일관성과 방향성, 거리 조절 능력, 상황 샷 구사 능력, 퍼팅 능력과 어프로치 능력 등 다양한 요인들이 있을 수 있다. 하지만 여기서는 이들 중 몇 가지 요인에 대해서만 어떻게 선수의 골프 기술적 수준을 평가하고 적절한 훈련 목표를 수립할 것인지에 대해 이야기하기로 한다. 우선 스윙의 일관성과 방향성에 관련한 통계적 평가 지표는 정확하게 연구된 것이 마땅히 없다. 따라서 투어에서 제공하는 드라이버 정확도, 비거리, 그린 적중률, 평균 퍼팅수 등과 같은 몇 가지의 지표를 이용하여 선수의 골프 기술적 능력을 평가 분석하기 위한 간접적인 기준들을 만들 필요가 있다. 또한 기술 수준의 평가 분석에 필요한 보조적인 데이터 생성을 위해 필요한 몇 가지 미션에 대해 이해하여야 한다. 투어에서 제공하는 통계 자료로부터 클럽별로 일관성과 방향성 편차가 어느 정도인지를 알 수는 없다. 예를 들어, 그린 적중률은 클럽 구별 없이 일관성과 방향성의 편차 기준은 그린의 크기가 된다. PGA 상금 순위 Top10 선수들의 그린 적중률 평균이 74%라고 하면, 선수는 자신의 GIR%를 높여 74%에 도달하도록 하기 위해 무엇을 어떻게 훈련해야 할까? 매우 막연할 것이다. 목적 지향적인 훈련을 위해 설정되는 훈련 목표는 GIR 74%와 같이 피상적이어서는 안 된다. GIR 74%를 달성하기 위해 본인 경기력에서 무엇을 보완해야 할지를 알아야 하며 이를 위해 보다 구체적, 객관적이고 정량적으로 훈련 목표를 설정할 수 있어야 한다. 우선 자신의 GIR%가 낮은 이유가 스윙의 방향성과 일관성 결여에서 오는 것인지, 경기 운영에 대한 의사 결정 능력Decision Making Power의 부족에서 오는 것인지, 아니면 드라이브 비거리가 짧거나, 드라이버 샷의 방향성 문제 등에서 오는 것인지가 명확해져야 한다는 것이다.

이러한 여러 요인들의 분석에 필요한 것이 표 4-1의 경기 자료이다. 선수가 경기를 통해 기록한 데이터를 확보하는데 있어 다소의 노력이 들겠지만 평가 미션과 더불어 메타인지에 가장 중요한 것이 경기 자료의 확보이다.

4-2-1 골프 기술적 능력에 대한 메타인지

Tip 경기력 향상에 필요한 골프 기술적 능력의 중요한 요인 중 하나는 샷의 일관성이다. 따라서 선수는 자신의 샷 능력에 대해 명확히 인지해야 할 필요가 있다. 우선 본인 클럽의 기준 거리에 대해 명확히 인지해야 한다. 물론 선수마다 같은 클럽이 갖는 거리 편차가 적을수록 좋지만 자신이 어떤 조건에서 확률적인 편차가 얼마만큼 발생하는지를 이해하고 클럽간 중복되는 거리를 명확히 해야 한다. 또한 어떤 클럽의 사용 빈도가 가장 높으며, 어떤 클럽의 오차가 가장 크고 적은지를 알아야 홀 공략에 유리한 전략을 세울 수 있다. 퍼팅에 있어 실수가 많은 거리는 무엇이고 어떤 경사도에서 실수가 많으며, 성공률이 높은 거리와 경사도 등을 알아야 목적 지향적 자기주도 훈련 목표를 수립할 수 있기 때문이다.

아이언 샷, 퍼팅의 목적 지향적인 자기주도 훈련을 하기 위해서 가장 기본이 되는 준비 요소는 바로 이들 샷의 일관성에 대한 메타인지이다. 표 4-2는 골프 기술적 능력에 대한 메타인지를 위해 정리한 특정 선수의 경기 자료 예시로써 다섯 번의 라운드 샷 결과를 요약한 것이다.

앞에 제시된 표 4-1은 경기에서 수행한 샷의 결과를 종합적으로 정리하기 위한 포멧으로, 투어에서 제공하는 통계적 지표를 통해 얻을 수 없는 많은 경기력 정보를 포함하고 있다. 표 4-1을 경기력 분석에 활용하는 것은 앞 절에서 설명한 선수의 기술적 능력에 대한 메타인지 3단계 과정으로 볼 수 있다.

표 4-2 클럽별 거리 편차에 대한 메타인지

	58	54	50	P	9	8	7	6	5	HB	WD	계
2y 이내	1	2			2	2	3			1		11
4y 이내	5	4	2	5	3			1	1			21
6y 이내	2			8	4		7	3	3	1		25
8y 이내	1	2		4	3	1	3	2	1			18
10y 이내	2	4	1		1	3	4	7	2	9		28
10y 이상	2	1	1	5	3	9	9	2	5	4	7	53
Out				3	1	1	1		2	2		12
계	13	13	4	25	17	16	27	15	14	17	7	168
평균 편차	7.1	7.0	8.3	8.0	7.4	11.8	9.5	11.8	10.4	10.5	15.0	

표 4-2는 표 4-1로부터 클럽의 사용 빈도와 편차를 확인하기 위해 정리한 자료로, 표 좌측 라인은 2야드에서 10야드까지 핀을 중심으로 샷을 수행한 결과의 편차 거리를 나타내며 위쪽은 사용한 클럽을 나타낸다. 표에 기록된 숫자는 샷을 수행한 결과 특정 편차 범위에 속하는 빈도를 표시하였다. Out은 그린을 놓친 횟수이며, 계는 해당 클럽의 사용 빈도이다.

표 4-2의 경기 자료를 확보하는 것은 골프 기술적 능력의 메타인지에 있어 매우 중요한 부분이며, 이 자료를 모았다면 이미 경기력 향상을 위한 목적 지향적 자기주도 훈련OOPS, Objective Oriented Practice by Self을 시작하기 위한 준비가 된 것이다. 표 4-2의 결과에서 각 클럽이 어떤 편차를 가지고 있으며 특히 편차가 큰 클럽은 무엇이며, 클럽의 사용 빈도는 어떤 클럽이 높거나 낮고, 실수가 많은 클럽은 무엇이며 편차를 줄이기 위해 어떤 클럽의 훈련에 더 많은 시간을 투자해야 하는지에 대해 명확히 할 수 있을 것이다. 훈련 목표 수립을 위한 첫 번째 기술적 메타인지 요인 분석은 다음 그림에서 보여주는 것과 같이 전체적인 샷의 편차 분표를 인지하는 것이다.

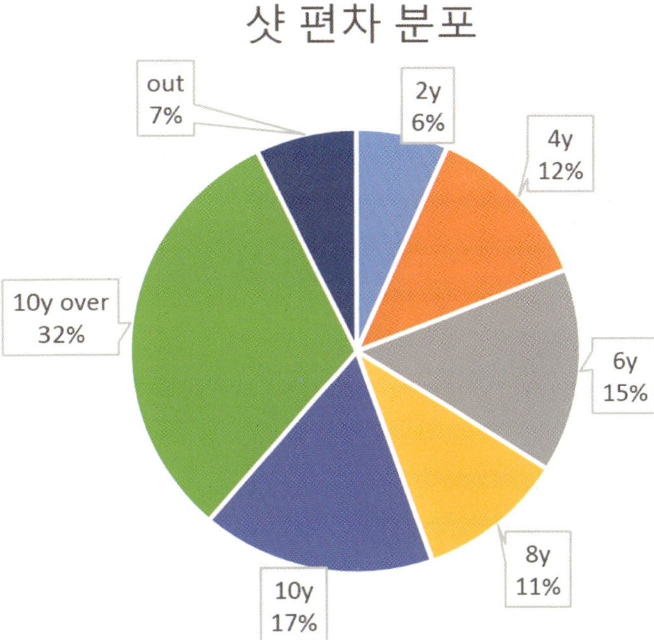

이러한 샷의 편차 분포를 보면 10y 이상이 압도적으로 많다. 이 결과는 샷의 방향성에 큰 문제가 있는 것이며, 스윙의 일관성이 확립되지 않았음을 알 수 있다. 스윙시 리듬과 템포에 대한 점검을 필요로 한다. 또한 퍼팅 연습에 대한 방향도 제시하고 있으며, 어떤 훈련과 연습을 중점으로 해야 할지에 대한 것과 함께 훈련의 정량적 목표점을 설정할 수 있고, 훈련 방법에 대한 포괄적인 방향을 함께 말해 준다. 하지만 우선 샷의 거리 편차가 크게 발생하게 되는 요인 분석을 명확히 해야만 한다. 메타인지 1단계인 상관성에 대해 먼저 생각해야 한다. 즉, 골프 기술적 문제(스윙의 일관성 문제)인지, 아니면 의사 결정 능력의 문제인지를 확실히 해야 하는 것이다. 기존의 티칭 방식에서는 위 자료를 보면 스윙에서 문제를 찾으려 집착할지 모른다. 하지만 이 문제가 스윙의 문제가 아닌, 내적 능력(긴장감, 집중력)과 의사 결정 능력(공략 거리 산출)이 원인일 수 있다는 부분에 대해서도 염두에 두어야 한다.

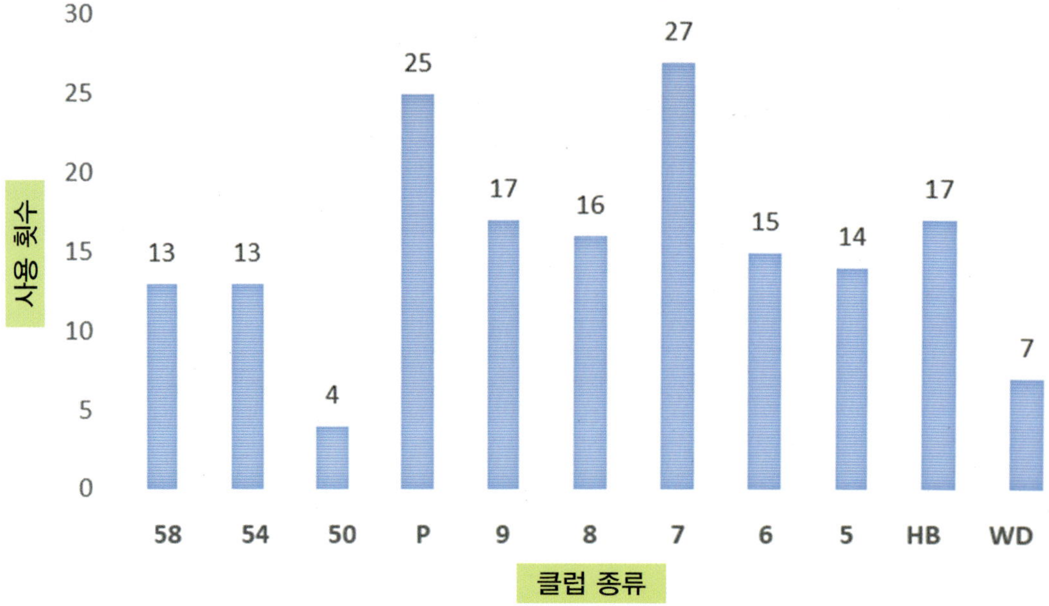

또한, 위의 그래프는 경기에 사용하는 클럽의 빈도를 보여준다. 경기 중 사용 클럽의 빈도를 보면 드라이버 비거리 및 아이언별 비거리에 따라서 클럽의 사용 빈도가 다르게 나타날 수 있다. 물론 경기하는 코스에 따라서 달라지지만 위 챠트의 경우라면 이 선수는 P와 7번 아이언을 월등하게 많이 사용하는 것을 알 수 있고, 이는 다른 클럽에 비해 이들 클럽의 연습량이 더 많아야 함은 당연한 것이다. 뿐만 아니라 다음 그래프는 클럽별로 경기에서 나타내는 평균적인 거리 편차를 보여준다. 클럽마다 나타내는 평균적인 거리 편차는 선수마다 차이가 크다. 클럽마다 평균 거리 편차를 안다면 효과적인 홀 공략의 전략을 수립하는데 있어 큰 도움이 될 수 있다. 클럽별 평균 거리 편차를 보면 8번과 6번 아이언이 월등히 큰 것을 알 수 있으며, 이들 두 가지 정보는 목적 지향적 훈련 프로그램을 만드는데 매우 중요한 정보가 된다.

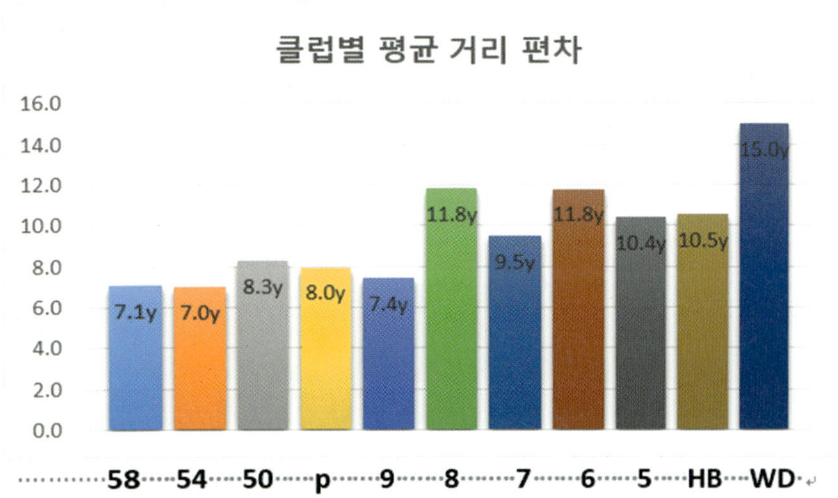

또한 선수가 별도의 샷 미션에서 보여주는 능력이 경쟁 대상의 통계적 목표치 수준보다 높다는 것이 확인되면, 시합에서 나타낸 샷 편차는 선수가 가진 샷의 일관성과 샷 능력의 문제라기보다 샷 거리를 결정하는 의사 결정 능력에 문제가 있다는 것을 의미한다. 따라서 핀을 공략하는 경기 환경에 대해 인지하는 능력과 이로부터 공략의 방법을 정하는 훈련 계획을 수립할 필요가 있다.

더불어 표 4-1로 부터 얻은 자료를 정리하면 퍼팅 능력에 대한 메타인지가 가능하다. 일반적으로 퍼팅은 내리막보다 오르막 퍼팅을 쉽게 생각한다. 이것은 내리막 퍼팅의 경우 힘 조절에

실패하면 3퍼팅의 위험이 있기 때문에 자신감 있는 스트로크를 하기가 어렵고, 볼은 오르막에 비해 상대적으로 내리막에서 많은 경사의 영향을 받기 때문일 것이다. 하지만 자신이 내리막 퍼팅에서 훨씬 성공률이 높아진다면 홀 공략에 있어 선택의 폭도 넓어질 뿐만 아니라 퍼팅의 자신감이 배가될 것이다.

표 4-3은 표 4-1로부터 퍼팅에 대한 경기 결과를 요약한 것으로 그린에서 거리별 퍼팅 스트로크 횟수와 성공률을 보여주고 있다. 만약 어떤 선수가 평소 내리막에서 성공률이 높았음에도 불구하고 내리막 퍼팅에 대한 불안감을 가지고 있다고 가정하자. 하지만 표 4-1의 통계적 지표를 통해 내리막 퍼팅의 성공률이 오르막 퍼팅과 유사하다는 사실을 명확히 인지한 다음부터는 내리막 퍼팅에서의 성공률이 훨신 더 높아질 것이다. 이런 현상은 실제 투어 선수의 사례이기도 하다.

여기서 선수의 퍼팅 능력에 대한 메타인지를 위해 고려해야 하는 변수로써 해석의 복잡성을 줄이기 위해 퍼팅 거리와 퍼팅 경사도만을 고려하고 그린 스피드나 퍼팅 스트로크의 일관성에 대한 부분은 고려하지 않았다.

표 4-3 퍼팅 능력에 대한 메타인지

	1~2y	4y 이내	6y 이내	8y 이내	10y 이내	10y 이상	계
1putt	17	12	5	2		2	38
2putt	5	22	21	17	18	20	103
3putt				1		6	7
계	22	34	27	19	18	28	148
1putt 이내	**77.3**	**35.3**	**18.5**	**10.5**	**0.0**	**7.1**	**25.7**
2putt 이내	100.0	100.0	96.3	100.0	100.0	78.6	95.3
1putt 이내	51.8		33.3		5.3		
2putt 이내	100.0		97.8		87		

표 4-3의 결과를 다시 정리하여 표시한 표 4-4를 보면 수행한 전체 퍼팅 스트로크 가운데 1putt에 대한 성공률의 56.4%가 내리막 경사이며, 훅보다는 슬라이스 경사도에서 성공률이 훨씬 높다는 사실을 알 수 있다. 또한 3putt 확률은 내리막보다 오르막 경사도에서 훨씬 높다는 사실이다. 시합에서 얻은 경기 자료를 토대로 한 퍼팅 기술적 메타인지 분석 결과는 경기력을 향상시키기 위한 훈련 목표 설정에 있어 중요한 요소이다. 동시에 어떤 훈련을 어떻게 해야할 것인지를 구체적으로 계획할 수 있어서 막연히 일상적이고 반복적인 퍼팅의 연습을 하거나 새로운 방식의 스트로크 변화를 통해 문제를 해결하려 낭비하는 시간을 줄일 수 있다. 또한 표 4-4에 경사도별 1putt 성공률을 나타내었다.

Down lie와 Slice lie에서의 1퍼팅 성공률은 Up lie나 hook lie에서 보다 훨씬 높은 것을 알 수 있다. 또한 3퍼팅 시 Up lie에서 더 높다. 이러한 결과는 선수마다 다르게 나타나며 선수가 갖는 골프 기술적 수준의 메타인지에 있어 매우 중요한 데이터가 된다. 동일한 패턴의 퍼팅 연습을 열심히 하는 것과 메타인지를 통해 알게 된 단점을 보완하기 위한 목표를 계획하고 훈련하는 것은 경기력 향상의 효과 면에서 뚜렷한 차이를 보일 수밖에 없을 것이다.

표 4-4 각 경사별 1putt 성공률 비교

	1putt%	2putt%	3putt%
1. DS	34.2	57.9	7.9
2. DH	22.2	74.1	3.7
3. US	23.1	69.2	7.7
4. UH	9.1	72.7	18.2
5. SS	26.7	73.3	0.0
6. HH	15.0	85.0	0.0

DS : Down Slice Lie
DH : Down Hook Lie
US : Up Slice Lie
UH : Up Hook Lie
SS : Slice Lie
HH : Hook Lie

Down lie	**56.4**		**5.6**
Up lie	**32.2**		**12.0**

Slice lie	**30.9**		
Hook lie	**19.1**		

4-3 선수의 내적 능력에 대한 메타인지

골프 경기력의 내적 능력이라 함은 앞에서 설명했듯이 골프 경기에 영향을 주는 심리, 정신적 요인으로 크게 집중력, 자신감, 긴장도 등을 스스로 제어할 수 있는 능력을 말한다.

집중력

집중력은 골프의 경기력에 가장 많은 영향을 미치는 요인이다. 자신감, 긴장도는 멘탈 코치의 도움을 통해 개선할 수 있으나 집중력에 관련해서는 마땅한 평가 훈련 프로그램이 알려진 것이 없다. 하지만 선수가 골프를 하는데 있어 스스로 집중력에 문제가 생기는 상황들을 느끼거나 집중력 유지에 문제가 생기는 시점을 인지하는 것은 가능하다. 뿐만 아니라 선수의 경기 데이터로부터 집중력의 변화에 영향을 미치는 요인들이 무엇이며, 반복적인 실수와 집중력의 상관관계를 확인하는 것은 매우 중요하다. 어떤 선수의 경기 결과를 분석해 보면 13번 홀에서 15번 홀 사이에서 항상 집중력을 잃고 보기를 범하는 경우가 많다. 또 다른 선수의 경우에는 경기 시작 후 3번 홀까지 경기에 집중을 못하는 경우도 있다. 선수 스스로 경기 중 집중력의 변화를 느끼기도 하지만, 오랫동안 투어 생활을 하며 반복되는 패턴을 전혀 인지하지 못하는 경우도 있다. 경기 결과로부터 실수가 생기는 구간을 체크해보면 의외의 반복적인 실수 구간이 나타나는데, 이는 집중력의 변화에서 일어나는 요인일 경우가 많다. 특히 이러한 집중력의 흔들림은 샷보다는 퍼팅에서 많이 나타나며, 퍼팅은 골프 경기에 있어 가장 높은 단계의 집중력을 필요로 한다. 볼이 굴러가는 경사도를 어느 정도까지 면밀하게 살필 수 있는가와 퍼팅 시 홀 컵까지의 거리감, 볼을 보내기 위한 목표점, 임팩트 등 한 번에 몇 가지의 상황에 대한 집중을 놓쳐서는 안되기 때문에 그린 위에서 가장 많은 체력 소모가 생긴다. 골프 경기에서 선수의 집중력을 필요로 하는 형태는 학생이 공부를 하는데 필요한 집중력의 형태와는 다르다.

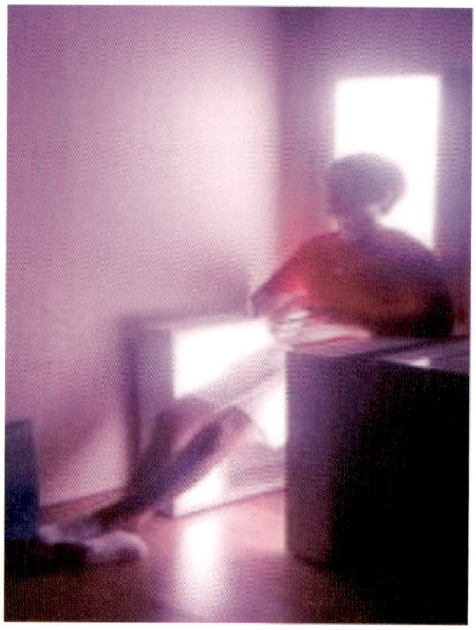

▲ 골프 내적 능력 가운데 선수의 집중력은 가장 훈련하기 힘든 부분이다. 또한 뇌의 작용에 관련한 부분으로 아직 정확히 검증된 훈련 방법은 많지 않다.

인간의 집중력의 형태는 크게 다섯 가지로 구분할 수 있는데 우선 집중력의 깊이Concentration Depth이다. 최대로 몰입 가능한 집중력의 깊이에 대한 능력은 사람마다 다르며 사실 측정이 불가능하다. 최대 몰입 능력은 사람마다 몰입의 효과성 측면에서 다르다. 어떤 사람은 훨씬 낮은 몰입도로 혼신의 힘을 다하여 몰입한 사람보다 같은 문제를 해결해야 하는데 있어 더 빠르고 효과적으로 결론에 도달하기도 한다. 따라서 사람마다 **최대집중력(최대집중몰입도)**의 깊이와 **집중의 효율성**에 대한 능력의 차이가 있으며, 더불어 **집중력의 유지** 능력에도 차이가 있다. 사람에 따라서 **순간 집중력**은 높은데 집중력 유지 능력은 길지 못한 반면 최대집중력은 낮아도 오랜 기간 집중력을 유지하는 능력을 가진 사람도 있다. 학습을 하는 학생에게는 최대집중력과 집중의 효율성이 강조되겠지만 골프 선수에게는 순간 집중력과 집중력을 장시간 유지하는 능력이 매우 중요할 것이다. 또한 어떤 사람은 소음이 있거나 낯설은 환경에서는 집중을 전혀 못 하거나 동시에 두 가지 혹은 세 가지 문제에 집중을 못하는 경우가 있다. 이러한 **환경 적응 집중력**과 **다중 처리 집중력**은 골프 선수의 경기력 향상에 있어 중요한 요소이며 경기 중 이들 집중력 유지에 문제가 발생하지 않도록 훈련받아야 한다. 아울러 선수는 보다 좋은 경기를 위해 자신의 집중력 변화 패턴에 대해

인지할 필요가 있다.

순간 집중력이 흔들리는 시점과 영향을 미치는 요인들에 대한 자기 성찰을 필요로 하며, 집중력 유지에 있어 한계점이 언제인가 등 자기 집중력의 수준을 인식하는 것 또한 경기력 향상을 위한 요인이 될 수 있다. 집중력은 수면의 양과 체력의 피로도에 크게 영향을 받으며 특히 체력이 고갈된 상황에서의 집중력 유지 훈련은 경기력 향상에 큰 도움이 될 것이다. 선수의 집중력 메타인지를 위해서는 우선 집중력의 수준 평가가 선행되어야 한다. 선수가 가진 집중력의 깊이, 유지 능력, 환경 적응 능력, 다중 처리 능력, 순간 집중력 등의 수준을 평가하는데 필요한 객관화된 연구의 시작이 저자가 골프 지도자의 길에 입문하게 된 동기이기도 하다. 불행하게도 이에 대한 객관적인 평가 시스템이 국내외로 정착된 것이 없어 선수의 집중력 메타인지에

▲ 사람마다 최대집중몰입도, 순간 집중력, 집중력효율, 집중력 유지, 다중 처리 집중력, 환경 적응 집중력에 대한 능력이 다르며, 이들 중 특히 골퍼에게 요구되는 능력은 환경 적응 집중력, 순간 집중력, 집중 유지 능력이다.

필요한 집중력 평가 방법은 이후 발간될 저서 '창의적 골퍼가 정상에 선다'편에서 다루기로 한다. 다만 여기서 강조하고 싶은 것은 선수의 집중력 메타인지를 위해서는 우선, 최근 몇 경기의 스코어 카드를 확인하는 것이 필요하다는 점이다. 반복적으로 성적이 안 좋은 구간이 있는지를 확인하고, 그 구간에서 보기나 더블보기를 하게 된 원인이 어떤 샷에서 비롯된 것인지를 분석할 필요가 있다.

그린 위에서 생긴 실수들이 많은 경우는 다중 처리 집중력 훈련이 필요할 수도 있으며, 경기 중 보기 이상을 기록하는 특정 구간이 반복적으로 발생하면 해당 구간에 대해 집중력 유지 능력의 문제가 있을 수도 있다. 초반에 중복적인 문제가 발생한 경우는 워밍업 루틴에 문제인지 긴장도의 문제인지, 환경 적응 집중력의 문제인지 더 분석해야 할 것이다. 또한 기후의 변화도 선수 집중력에 많은 영향을 준다. 덥고 습한 경우 선수마다의 집중력에 미치는 영향이 다르다. 다만, 집중력을 18홀 그리고 4라운드 내내 유지하는 것이 어렵기 때문에 선수는 집중력 메타인지를 통해 상황 적응 집중력과 집중 유지 훈련을 하는 것이 경기력 향상에 크게 도움이 될 수 있다. 집중력의 훈련에 대해서는 6장에서 다루기로 한다.

자신감

집중력과 마찬가지로 선수 경기력에 영향을 주는 중요한 요인 중의 하나가 자신감이다. 자신감은 타고난 사람의 성향에 따라 동일한 조건에서도 크게 달라지며, 자신감에 대한 메타인지는 사실상 의미가 없다. 모든 선수들은 스스로의 자신감을 느끼며 경기에 임하기 때문이다. 또, 집중력은 자신감이나 긴장감의 영향을 받기 마련이다. 골프 역사의 전설 아놀드 파머는 "집중력은 자신감과 갈망이 결합하여 생긴다"고 말한다. 자신감은 경기를 재미있게 하지만 자신감을 잃으면 코스

내 크고 작은 모든 장애물이 선수에게 무서운 적으로 돌변한다.

그럼 선수가 경기력 향상을 위해 필요로 하는 자신감은 어떻게 생성될까? 자신감을 얻기 위해서는 자기 자신을 아는 것이 먼저다. 뿐만 아니라 내가 겨루어야 하는 상대방에 대해 명확히 알아야 한다. 나의 실력은 어느 수준이고 상대방은 어떤 면에서 강하고 약한지, 나와 겨루는 상대에 대해 아는 것이 중요하다. 여기서 상대란 동반 라운드 하는 선수이기도 하며 내가 정한 경기 목표이기도 하며, 경기 코스이기도 하다. 골프에 있어 많은 멘탈 코치들이 선수에게 자신감을 불어넣기 위해 상담 지도를 한다. 자신의 경기 비디오를 돌려보면서 행동 패턴을 바꾸기도 하고, 사소한 표정이나 언어도 바꾸려 노력한다. 이러한 노력은 심리적인 안정을 주어 일시적으로 경기력 향상에 도움이 되기도 하지만 자신감을 장기간 유지시켜 주지는 못 한다. 자신감을 오랫동안 유지하기 위해서는 무엇보다 훈련이 뒷받침되어야 한다.

긴장도

어느 정도의 긴장도는 선수마다 집중력을 상승시키기도 하지만 반대로 심한 긴장은 근육을 경직시켜 경기력을 떨어트리는 요인으로 작용하기도 한다. 따라서 내적 능력에 대한 메타인지에 있어서는 긴장도에 따라서 선수가 받는 집중력 변화를 염두에 둘 필요가 있다. 시합에 임하는데 있어 대부분 선수는 긴장을 하게 된다. 여기에서 긴장의 정도와 긴장을 하게 되는 요인이 선수마다 다소 다를 것이다.

어떤 선수는 정말로 시합을 즐기면서 설렘과 함께 긴장을 하지만 어떤 선수는 좋은 결과를 얻지 못할 것에 대한 두려움이나 실수에 대한 두려움에서 긴장을 하기도 한다. 본인이 긴장을 하는 이유에 대해서 실수나 나쁜 결과에 대한 두려움을 가지고 있는지 생각해 보아야 한다. 선수가 느끼는 불안의 원인이 자신의 내부에 있는지 관중이나 환경 등 외부의 상황적 요인에 있는지를 확인하여야 훈련의 방법이 달라질 것이다. 긴장으로 시합을 앞두고 식욕 부진이나 불면의 상태에 영향을 받는 경우나 이뇨 현상이나 손에 땀이 발생하는 경우를 경험했을 것이다. 경기 시작과 함께 오는 긴장감이 있거나 2라운드 컷을 앞두고 느끼는 긴장감, 플레이오프 상황에서 해야 하는 퍼팅의 긴장감 등 극심한 스트레스와 압박감으로부터 오는 불안과 긴장감을 극복하기 위해서는 기술적 부분에서 경기력 강화에 필요한 분석적 도움을 받는 것과 달리 선수 스스로가 해결 방법에 대해서 고민해야 한다.

호흡법, 스트레칭법, 순간명상법, 음식 섭취 등 다양한 방안에 대해서 시도해 보기를 권한다.

▲ 실수에 대한 염려나 경기 결과가 안 좋을 것에 대한 두려움 등은 경기 집중력을 분산시키는 원인이다.

CHAPTER
5

메타인지를 통한 훈련 목표 수립

모든 스포츠에서 선수의 경기력 향상에 효과적인 훈련 방법을 찾기 위해 다양한 연구가 오랫동안 진행되어 오고 있지만, 훈련 목표 설정과 훈련 성과의 평가에 관련한 연구 자료는 많지가 않다. 특히 골프는 다른 스포츠와 달리 경기력의 측정이 매우 어렵다. 시합에서 어떤 경기 결과를 내는가는 선수가 가진 샷의 기술적 수준만으로 결정되는 것이 아니기 때문이다. 또한 3장에서 살펴보았듯이 평균 스코어 순위가 상위권에 있다고 해서 상금 순위가 높아지고 우승이 보장되지 않기 때문에 골프 경기력에 대한 메타인지의 필요성이 대두된다고 볼 수 있다.

▲ 많은 스포츠심리학자들은 명확한 훈련 목표 설정이 경기력 향상에 긍정적 영향을 주며 자신의 훈련 목표 설정 능력이 높은 선수일수록 경기력 향상이 매우 높다는 연구 결과를 말한다.

메타인지를 통해 훈련의 목표를 설정하는데 있어서는 결과 목표와 수행 목표를 구분하여 수립하는 것이 타당하다. 골프 선수의 경우 결과 목표라 함은 4라운드 최종 스코어를 15언더파로 정하거나 특정 시합의 우승을 목표로 하는 것이다. 반면 수행 목표라 함은 그린 적중률 80%, 평균 퍼팅 1.75 등과 같은 골프 기술적인 도달 수준을 설정하는 목표이다. 이들 목표는 각각 혹은 동시에 설정할 수도 있으나 훈련에 있어서는 방법이 달라질 것이다. 수행 목표는 결과 목표에 비해 매우 구체적이며 정량적으로 설정이 되어야 하므로 훈련의 효과성을 확인하는 것이 명확하다. 많은 스포츠 심리학자들은 명확한 훈련 목표의 설정이 경기력 향상에 긍정적인 영향을 준다고 말한다. Edwin Locke와 Gary Latham이 말하는 'Goal Setting Theory'는 명확한 훈련 목표의 설정이 주는 효과에 대해 잘 설명하고 있다. 논문 'Effects of a Process-Oriented Goal Setting Model on Swimmer's Performance'에서는 수영 선수들을 대상으로 시행한 목표 지향적인 훈련법이 미치는 심리적 효과의 중요성을 설명하고 있다. 또한, 1989년에 발표된 스포츠 심리학자 Burton D.의 논문 'Winning isn't everything : The impact of performance goals on collegiate swimmers' cognitions and performance'은 목표 설정 모델Goal Setting Model의 훈련에 참가한 대학 수영 선수들 중 목표 설정 능력이 높은 선수들이 그렇지 않은 선수에 비해 훨씬 유의미한 경기력 향상을 보여주고 있음을 설명하고 있다.

▲ 경기력 향상에 필요한 수행 목표는 훈련하고자 하는 골프 기술적 요소의 보완점에 대해 경쟁자들이 가진 수준과 비교할 수 있는 정량적 평가 기준을 명확히 하여 설정하는 것이 바람직하다.

하지만 선수가 목표를 세우는데 있어 발생하는 문제는 많다. 우선 선수 자신의 경기력에 대한 인식이 부족하여 무엇을 훈련 목표로 할 것인지에 대해 명확하지 않은 경우가 많으며, 훈련의 내용과 강도를 정하는 것이 쉽지 않을 것이기 때문이다. 뿐만 아니라 훈련 목표를 세웠다고 하더라도 훈련 결과를 평가하고 목표 달성 여부를 확인하는 방법이 없다면 훈련의 효과성을 보장하는 것이 쉽지 않을 것이다. 훈련 목표를 설정하는데 있어 수행 목표와 달리 결과 목표는 장기적인 목표일 것이며, 경기력 전반에 대한 분석을 필요로 하므로 결과 목표 달성에 기여한 요인이 무엇인지를 확인하는 것이 사실상 쉽지가 않을 것이다. 그러나 투어에서 중요시되는 것은 경기 성과이기 때문에 대부분 선수는 결과 목표에 매달리게 된다. 그러나 결과 목표는 선수 경기력에 대한 메타인지를 기반으로 여러 정량적인 수행 목표를 설정하여 달성할 때 가능하게 되는 것이다. 또한 골프의 경기력을 높이는 것과 기술을 향상시키는 것은 다른 문제이며, 아무리 좋은 골프 지도자 밑에서 훈련을 받아도 체계적인 경기력 분석이 뒷받침되지 못하면 최고의 골퍼가 되는 것은 쉽지 않은 일이다. 타고난 천재적 재능이 뒷받침되어 스스로 경기력의 핵심을 이해하고 좋은 경기 결과를 만드는데 필요한 훈련 목표를 만들어 성공한 선수들도 있을 것이다. 명심할 것은 훌륭한 선수는 연습과 훈련의 땀이 만드는 것이며, 훌륭한 지도자가 좋은 레슨을 해서 키워지는 것이 아니라 선수 스스로가 무엇을 배우고 받아들이느냐에 달려 있다는 것이다.

여기서 목적 지향적 훈련Objective Oriented Practice, OOP이라 함은 선수의 경기력 메타인지를 통해 도출한 보안점을 훈련 목표로 설정하고 이를 극복하기 위한 훈련 수행의 방법과 평가의 방법을 명확히 하는 것을 말한다. 따라서 골프 경기력에 대한 자기 성찰은 OOP 연습 방법에 있어 가장 중요한 요소라 하겠다. 훈련 목표의 설정을 위해서는 4장에서 설명한 메타인지 과정이 선행되어야 한다. 메타인지를 통해 얻는 골프 자기 성찰 요소들을 요약하면 체력적 요인을 제외하고 다음과 같이 크게 다섯 가지로 설명할 수 있다.

1. 경기 스코어에 영향을 미치는 골프 기술적 요인들 가운데 자신의 샷이 갖는 편차와 일관성에 대해 명확하게 인지하는 것
2. 경기 결과로부터 얻는 자료를 통해 경기 중 반복적인 실수와 자신의 일반화된 시합 패턴을 인지하는 것
3. 특정 상황에 필요한 다양한 형태의 목적 샷 구사 능력에 대해 자신의 기술적 수준을 인지하는 것
4. 골프 내적, 외적 능력에 대한 보완점을 인지하는 것
5. 경기의 운영에 대한 자신의 창의적인 의사 결정 능력 수준을 인지하는 것

훈련 수행 목표의 설정 범위는 크게 보면 위에서 언급한 5가지 자기 성찰 요소 가운데 속하게 된다. 뿐만 아니라 목표의 설정은 어찌 보면 경쟁자들이 갖는 골프 경기력에 대한 수준을 아는 것이 우선이며, 이 수준을 극복하는 것이 목표가 될 수 있다. 또한 훈련 목표의 달성 여부에 대한 확인 방법이 명확해야 훈련의 집중도를 높일 수 있으며 효과적인 결과를 얻을 수 있다. 따라서 훈련 목표는 추상적이어서는 안 되며, 정량적으로 평가 가능한 방법으로 설정하는 것이 바람직하다. 즉, 훈련 목표는 자신의 경기력 향상 수준을 판단할 수 있도록 경쟁 선수와 비교할 수 있는 경기력 지표를 활용하여야 한다. 즉, 자신의 훈련 목표 달성을 평가하는 기준과 직접적으로 비교될 수 있어야 한다는 것이다. OOP 훈련은 선수가 자기주도로 진행하는 것이 가능하다. 물론 경기력 분석을 통해 목표 수립 단계까지는 전문가의 도움이 필요할 수 있으나 훈련의 수행 목표와 평가 기준이 명확해지면 선수가 흥미를 가지고 훈련을 진행하는데 문제가 없다. 스스로의 의지가 약한 선수는 골프 지도자에 의해 주어진 훈련을 단계적으로 소화해 가는 것이 바람직하며, 목표 의식과 승부 의식이 강한 선수는 경기력 향상을 위해 자기주도의 OOP 방법을 활용하는 것이 더

욱 효과적일 것이다.

자기 성찰 요소 가운데 1, 2, 3의 결과에 대해서는 정량적 훈련 목표 설정이 가능하나 4, 5는 정량적 목표 설정이 어려우므로 여기서는 이들 2가지를 분리하여 5.1절과 5.2절에서 각각 경기력 향상에 필요한 훈련 계획 수립의 수행 목표 설정에 대해 설명하기로 한다.

5-1 골프 기술적 능력 향상을 위한 훈련 목표 수립과 평가

선수가 자신의 숏 게임 능력에 문제가 있으며, 이로 인해 전체 경기력이 큰 영향을 받는다는 것을 알고 훈련의 필요성이 절실하다고 느낀다면 무엇을 어떻게 해야 할까?

일반적으로 선수들은 하루 중 많은 시간을 할애하여 퍼팅과 어프로치 연습에 몰두할 것이다. 하지만 이 연습에서 목적은 "숏 게임 능력이 향상되어야 해!"라는 것이 될 것이다. 메타인지가 필요한 이유는 4장에서 설명한 것과 같이 경기력 향상에 있어 자신의 숏 게임 중 어떤 유형의 실수가 빈번하며, 그린 위에서는 어떤 경사 어느 정도 거리에서 퍼팅의 실수 확률이 높은지를 알아야 경기력 향상에 필요한 구체적인 훈련의 목표를 설정하고 그에 맞는 효과적인 연습 방법을 찾을 수 있기 때문이다.

메타인지 없이 하는 일상적인 훈련은 경기력 향상을 위한 훈련이 아니라 현 경기력 유지를 위한 훈련으로 보아야 할 것이다. 그러므로 골프 경기력 메타인지를 통한 목적 지향적인 훈련에서는 정확한 목표가 설정되어야 한다는 것이다. 앞에 설명한 것처럼 골프 기술적 능력 향상을 위한 훈련에 있어서는 수행 목표가 객관적이며 정량적으로 설정되어야 하는 것을 염두에 두어야 한다. 메타인지의 과정은 4장에서 설명하였으므로 선수의 숏 게임 능력 개선을 위한 골프 기술적 목표 수립의 과정에 대하여 설명하면 다음과 같다.

1단계 : 경쟁 대상의 수준을 인지한다.

표 5-1 숏 게임 능력 비교 지표

2017년	GIR%	평균 퍼팅	GIR 퍼팅	그린 Miss	A-factor	/Round
T10평균	76.32	28.77	1.747	4.262	1.119	+0.507

숏 게임과 관련한 경기력 비교를 위해 우선 자신의 숏 게임 능력을 경쟁 선수들과 직접적으로 비교할 수 있는 정량적인 지표가 필요할 것이다. 이를 위해 퍼팅과 그린 주변의 어프로치 능력을 결합하여 정량적으로 숏 게임 능력을 나타낼 수 있는 지표가 필요할 수 있다.

표 5-1은 2017년 LPGA 상위 10명의 선수가 기록한 경기 결과에 대한 평균 통계로, 한 라운드에 그린을 놓친 횟수의 평균과 공식적인 GIR 퍼팅 통계를 적용하여 숏 게임 능력을 나타내는 지표 A Factor를 계산해 놓은 것이다. A Factor는 훈련의 목표 설정과 평가에 사용하기 위한 지표이다. A Factor는 그린을 놓쳤을 때 그린 주변 어프로치를 통해 홀 아웃하는데까지의 평균 퍼팅 수를 보여주는 것으로 어프로치의 수준과 퍼팅의 수준을 연계하여 통합적으로 보여주는 평가 지표이다. 이 지표는 투어에서 제공하는 몇 가지 통계 지표로부터 간접적으로 산출이 가능하며, A Factor 1.0은 그린을 놓쳤을 때 어프로치 후 1putt로 마무리하여 파 세이브하는 것을 의미한다. 따라서 선수의 GIR을 통해 경기당 파 온하지 못한 홀 수를 산출하고 여기에 GIR 퍼팅에 근거하여 산출한 A Factor를 곱하면 한 라운드에서 그린을 놓친 경우 잃게 되는 타수를 계산할 수 있다. 예를 들어, 위의 표에서 나타내는 것은 2017년도 상금 순위 상위 10명에 대해 한 라운드에서 평균 몇 개의 그린을 놓치는지를 계산해 보면, 평균 4.262개의 그린을 놓친 것으로 나온다. 이때의 평균 A Factor는 1.119이다. 따라서 각 라운드에서 그린을 놓친 홀에서 잃게 되는

타수는 평균 0.507타이다. 이것은 LPGA 상위 10명의 평균이므로 매우 의미있는 수치이며 훈련 목표 수립에 있어 목표점이 될 수 있다.

2단계 : 자신의 수준을 인지한다.

표 5-2 최근 3년간 A Factor 변화

	GIR%	평균 퍼팅	GIR 퍼팅	그린 Miss	A-factor	/Round
2015년	73.4	30.71	1.831	4.788	1.361	+1.7
2016년	70.3	30.11	1.799	5.346	1.374	+2.0
2017년	69.7	29.53	1.805	5.454	1.262	+1.43

경쟁 상대의 숏 게임 수준을 인지하는 과정이 끝나면 동시에 자신의 수준을 확인해야 한다. 예를 들어, 표 5-2는 임의의 LPGA의 특정 선수를 대상으로 산정한 3년간의 숏 게임 능력 지수인 A Factor의 변화를 보여준다. 2017년 A Factor가 1.262로 많이 개선됨으로써 라운드당 잃는 타수가 1.43으로 감소하는 것을 보여준다. 라운드당 어프로치가 2015년과 2016년도에 비해 2017년도는 매우 향상된 숏 게임 능력을 보여주는데 이는 이러한 목표 설정 과정을 통해 2016년도 동계 훈련에서 OOP 훈련을 수행한 성과를 보여주는 것이기도 하다. 하지만 2017년도의 결과도 여전히 상위 10명의 선수 평균에는 미치지 못한다. 따라서 지속적인 어프로치와 퍼팅의 숏 게임 훈련을 해야 할 것이며 이를 위해 새로운 훈련의 수행 목표와 훈련 강도, 기간, 훈련 성과 평가에 대해 고민해야 할 것이다.

3단계 : 수행 목표를 설정한다.

2단계에서 자신의 수준에 대한 인지가 확실해지고 상위권 선수와의 차이를 비교해 보면 수행 목표를 어떻게 설정해야 할지 명확해 진다. 앞에 표에서 상위 10명의 선수 평균과 비교할 때 숏 게임에서만 라운드당 평균 1타가 뒤지고 있으며 이는 4라운드에서 상위권의 선수와 평균 4타 이상의 차이가 생기는 것을 알 수 있다. 다시 말해 상위권 선수는 8홀의 그린사이드 어프로치에서 평균 1타를 잃는데 비해 약 2타를 잃게 되는 것을 의미하므로 시즌 상금 순위 Top10 진입이 선수의 결과 목표라면 이를 달성하는데 있어 필요한 숏 게임 수행 목표는 A Factor 1.119, 즉 8번의 그린사이드 어프로치에서 7번을 파 세이브 할 수 있도록 목표를 설정해야 할 것이다. 물론 연습에서 이 수행 목표를 달성했다고 시합에서 연습과 동일한 경기력을 기대하는 것은 어려워도 여기에서 설정한 목표 수준은 훈련에 있어 의미가 있으며, 수행 목표 설정은 경쟁 선수의 수준에 도달하는 정량적 지표를 참고로 설정하는 것을 권한다. 목표가 설정되면 얼마만큼의 훈련 강도와 기간을 통해 훈련을 수행할지에 대한 고민을 해야 할 것이다. 다양한 목적 지향적 훈련 방법에 대한 Tip은 6장에서 설명하기로 한다.

4단계 : 수행 목표에 대한 훈련 성과의 평가 방법을 확정한다.

수행 목표에 대한 훈련 성과 평가의 방법은 훈련 방법에 따라 다양하게 결정할 수 있다. 평가 방법은 가급적 엄격하게 만들 것을 권한다. 앞에서 숏 게임 훈련 목표를 설정하는데 사용한 비교 지표 표 5-1로부터 OOP 훈련에 필요한 평가 기준을 설정하면 다음과 같다. 8홀의 그린사이드 어프로치를 수행하여 7홀 파 세이브 하는 것을 기준으로 설정했다고 가정하면(이 경우 A Factor는 Top10 평균 수준인 1.119임), 먼저 어프로치 상황의 난이도에 대해 객관화할 필요가 있다. 또한 그린의 경사나 스피드의 상황에 따라서 훈련 성과의 평가 기준이 달라져야 하는 것은 당연하다. 그린 스피드와 경사, 어프로치의 상황을 고려하여 난이도를 1~9의 단계로 세분화할 필요가 있다. 그린사이드 어프로치 난이도는 어프로치할 때 볼이 놓인 상황과 그린의 상황을 기준으로 나누면 된다. 만일 스핀을 주거나, 탄도를 높이거나, 범핑을 시도하여 볼의 스피드를 기술적으로 감속할 필요가 없는 경우의 난이도를 Level 1, 2, 3으로 구분하는 것을 권한다. 그리고 핀의 위치나 볼이 놓인 조건, 그린의 스피드와 경사 난이도에 따라서 다시 Level을 1~3을 구분하면 되겠다.

어프로치에서 볼의 스피드를 기술적으로 감속해야 하는 경우에 그린의 경사와 스피드, 볼이 놓인 상황을 고려하여 이 경우의 어프로치 난이도를 다시 Level 4, 5, 6으로 구분하고, 볼이 놓인 상황, 그린의 난이도, 핀과의 거리 조건이 러프와 결합되어 기술적으로 볼의 속도를 감속을 해야 하는 경우는 Level 7, 8, 9로 구분하면 된다. 물론 파 세이브가 불가능한 수준의 그린사이드 어프로치는 난이도 Level 10으로 구분한다. 보통 투어에서 수행하는 그린사이드 어프로치의 70%는 난이도 Level 3 이하인 경우이다. 따라서 계획된 숏 게임 연습을 충분히 했다면 훈련 성과를 확인하기 위해서는 시합 환경과 유사한 조건에서의 적절한 평가를 병행하는 것이 훈련의 집중력과 의욕을 높일 것이다. 이를 위해서 훈련 성과 평가 방식은 몇 가지 원칙을 가지고 해야 한다.

첫째는 상황 조건의 유사성 원칙이다. 시합의 조건과 유사한 평가 조건을 가져야 한다. 실제 시합에서 만나는 숏 게임 상황을 반영하여 서로 다른 8개의 홀에서 그린사이드 어프로치 상황을 설정한다. 난이도 Level 3 이하의 설정을 5개 홀, 난이도 4~6의 설정을 2홀, 난이도 7~9의 상황 설정을 1홀로 분배하여 그린사이드 어프로치를 한다.

성과 평가에서 고려해야 할 두 번째 요소는 실전과 같은 감정 이입의 원칙이다. 평가 미션을 수행하는데 있어 실제 시합의 상황을 연상하고 긴장감을 갖도록 감정을 이입시키는 노력이 필요하다. 루틴과 샷을 준비하는 시간 등 모두 시합과 같은 긴장감과 집중력을 유지하여 평가 미션을 수행하도록 한다.

세 번째는 다른 시점의 반복 평가 원칙이다. 유사한 평가를 반복적으로 수행하여 적어도 5번의 평가에서 4번 이상 목표에 도달하면 훈련 성과를 달성한 것으로 보면 된다. 이때 5번의 평가를 하루에 다 해서는 안 되며, 하루에 한 번만 하도록 하는 것을 원칙으로 한다. 시합에 있어서도 4라운드 동안 매일 컨디션과 감각이 달라질 수 있음을 반영한 것이다. 이러한 조건에서의 숏 게임 능력에 대한 훈련 성과 평가 기준은 4번의 반복적인 평가에서 매번 8홀 어프로치 미션의 합산한 결과가 1오버파를 넘지 않는 것이다. 물론 이러한 평가 미션이 시합의 조건과 똑같을 수는 없지만 시합 상황과 가급적 유사한 조건 하에서 평가를 수행하는 노력이 필요하다. 목적 지향적인 훈련의 핵심은 훈련 성과의 평가 기준을 명확하게 만드는 것이 핵심이며 훈련 방법과 훈련의 강도는 결과 목표에 맞는 평가 기준의 정도에 따라서 조절하면 되겠다.

또 다른 훈련 목표 설정과 평가의 예로서, 이제 퍼팅 능력을 높이기 위한 수행 목표를 설정하고 평가 기준을 만들어 보자. 우선 앞에서 숏 게임 능력을 향상시키기 위해 경쟁 선수와 수준을 비교하기 위해 필요한 A Factor를 정의하고 숏 게임의 상대적 수준을 비교하여 훈련의 목표를 설정하였지만 경쟁자의 퍼팅 수준은 투어 홈페이지에서 제공하는 경기 통계 자료를 보면 쉽게 알 수 있다. GIR 퍼팅에 대한 평균은 퍼팅의 거리에 대한 난이도를 반영하지 않았으므로 아이언 샷의 정확도에 따라서 크게 달라질 수 있다. 따라서 퍼팅 훈련의 수행 목표를 수립하는데 있어 GIR 평균 퍼팅 수를 목표로 설정하는 것은 사실 의미가 없을 수 있다.

따라서 PGA 투어에서 제공하는 SG 퍼팅 능력에 대한 경기 통계를 활용하여 훈련 목표를 설정하는 것이 바람직할 것이다. PGA의 경기 통계를 보면 거리를 변수로 한 퍼팅 성공률에 대한 선수별 수준을 잘 보여주고 있다. SG Putting 지수는 각 퍼팅 거리별로 투어 선수의 평균을 중심값으로 산정하여 계산한 타수 이득을 부여하여 평가한다.

2017년도 이 부분 전체 1위는 Michal Thompson으로 평균 0.84의 값을 가진다. 하지만 타수 이득을 수행 목표로 설정하기는 어렵다. 따라서 각 거리별로 1putt 성공률을 수행 목표로 설정하는 것을 권한다. 예를 들어, 5야드 이내에서 2017년도 PGA 선수의 평균 성공률은 대략 53% 정도이며 5~10야드 사이의 1putt 성공률은 대략 28% 정도이다. 이들 투어의 경기 통계는 목적 지향적인 훈련에서 자신의 퍼팅 훈련 목표를 설정하는데 기준이 된다. 역시 퍼팅 훈련 목표의 설정에 있어 선행되어야 하는 것은 자신의 퍼팅 경기력에 대한 메타인지 과정이다. 자신의 퍼팅 수준은 전체 투어 선수의 수준에서 어느 정도이며, 퍼팅이 본인 경기력에 어떤 영향을 미치며, 어떤 거리에서 혹은 어떤 경사도에서 1putt 성공률이 상대적으로 낮은지를 인지해야 한다. 특히 5야드 이내에서의 퍼팅 성공률이 낮은 경우라면 1.5야드, 3야드, 5야드의 거리에서 더 명확한 문제를 찾으려 노력해야 한다. 몇 야드 이상의 거리에서 3putt의 확률이 높은지, 경사도를 잘못 읽는 경우는 어떤 상황 인지를 찾는 것이 퍼팅 OOP 훈련의 목표 설정과 평가의 핵심이 된다. 물론 선수마다 특정 그린 경사에 대해서 선호하거나 꺼리는 경우가 있으며 그 결과 퍼팅 성공률도 큰 차이를 보이는 경향이 있다. 따라서 훈련에 대한 성과의 평가에 대해서는 선호하지 않는 그린 경사를 많이 포함하여 수행하기를 권한다.

▲ 목적 지향적 훈련의 성과 평가에서 중요한 것은 평가의 기준을 시합의 상황 조건과 유사하게 하는 것이다.

퍼팅의 연습 결과를 확인하기 위한 평가 방법은 앞에서 설명한 숏 게임 평가 방식과 같이 3가지 원칙을 지킨다. 우선 1번 홀에서 18홀까지 1.5/3/5야드 순으로 각 홀에서 퍼팅 상황을 설정하고 시행한 결과 총 26개의 스트로크를 넘지 않도록 기준을 설정한다. 즉, 1번 홀에서 1.5야드 퍼팅을 했으면 다음 홀에서 3야드, 그 다음 홀에서 5야드의 퍼팅을 하면 된다. 만일 5~10야드 퍼팅 평가 미션을 하는 경우는 7/8.5/10야드 순으로 퍼팅 미션을 수행하고 결과가 31개의 스트로크를 넘지 않는 것을 기준으로 설정하면 될 것이다. 이 기준은 해당 거리에서 PGA 선수의 평균적인 퍼팅 성공률을 목표로 한 것이다.

5-2 내적 능력 강화를 위한 훈련 목표 수립과 평가

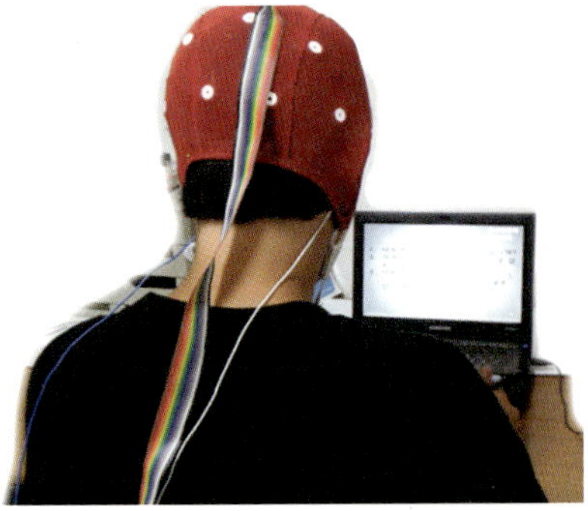

▲ 집중력 평가는 뇌파 신호를 계측하여 집중 지표를 산출하는 직접 평가 방식과 인지 능력을 포함한 집중력 수행 평가를 이용한 간접 평가 방식이 있으며, 최근 골프 선수의 집중력 훈련 뿐 아니라 다양한 스포츠 분야에 적용되기 시작하고 있다.

골프 내적 능력Inner Power을 이루는 긴장도, 자신감, 집중력 가운데 긴장도와 자신감은 선수 스스로 느끼게 되므로 별다른 평가의 필요성이 대두되지 않는다. 그러나 뇌의 활동과 관련한 집중력에 대해서는 선수가 자신의 집중도 수준을 알지를 못한다. 긴장도나 자신감을 향상시키는 문제는 멘탈 코치의 상담 도움을 받는 것 외에 알려진 별도의 강화 훈련 프로그램이 없으며 심적 상태를 정량적으로 평가하는 것이 불가능할 것이다. 반면 집중력에 대해서는 많은 훈련 도구들이 개발되고 있으며 평가 방법에 대한 연구도 계속되고 있다. 특히 인간의 뇌 활동을 생리학적으로 연구하는 분야는 다양한 학문 분야와 접목되어 특정된 상황에서 뇌의 활성화 정도를 계측하는 것이 가능해졌으며, 뇌과학에 대한 연구 결과를 골프 선수의 집중력 훈련과 평가에 사용하는 것이 가능하다. OOP 훈련의 방법을 결정하는데 있어 좌, 우뇌가 활성화되는 경향에 따라 선수에 맞는 효과적인 훈련 방법을 선택하는 것도 가능하다. 따라서 집중력과 함께 선수의 뇌 활동에 대해 이해하는 것도 경기력 향상에 도움이 될 수 있다.

"목표를 성취하는데 가장 중요한 것이 집중력이다. 선수가 경기를 마칠 때까지 경기의 흐름을 지키면서 몰입할 수 있는 능력은 어떤 기술적 요인보다 중요하다."

그림 5-1 EEG신호 계측을 통해 뇌 활성화 상태를 표시하는 에너지 스펙트럼

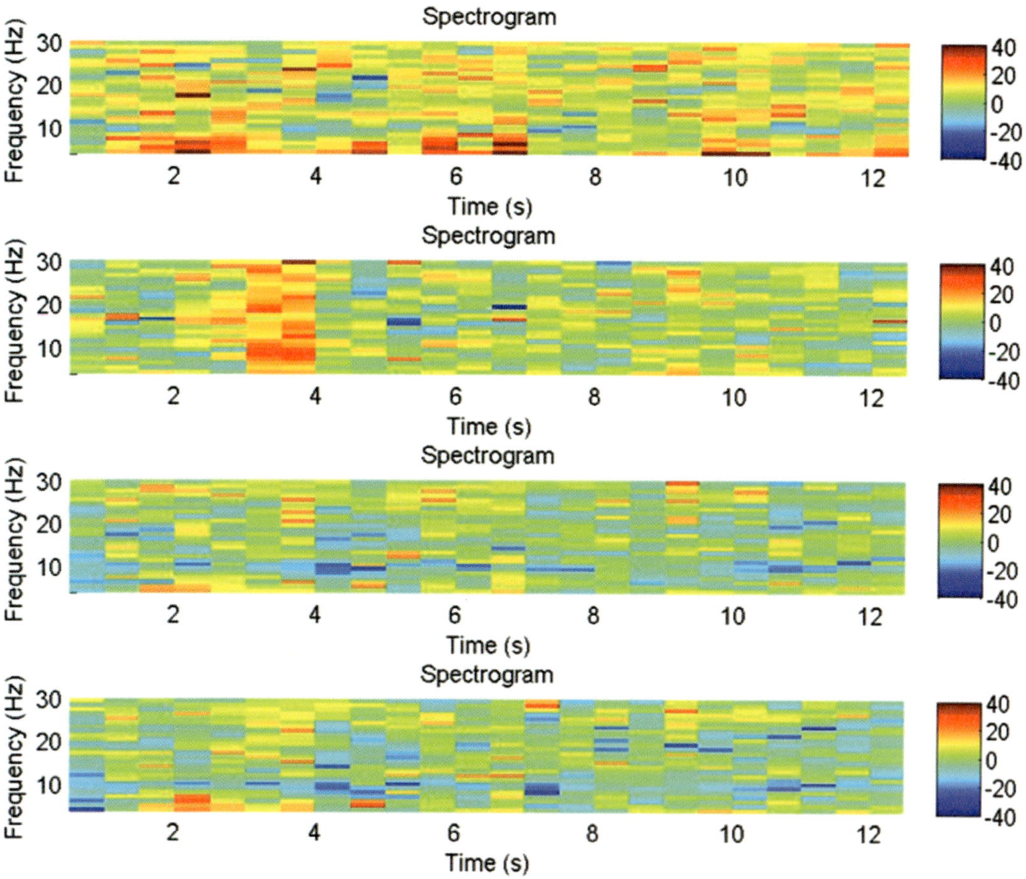

▲ 집중력과 관련한 특정 문제를 푸는 과정에서 전두엽과 전전두엽의 뇌 활성화 상태를 알게 되면 선수의 집중력 훈련 계획의 수립과 평가에 있어 효과적이다.

선수의 뇌파도·EEG[Electroencephalogram] 신호를 계측하여 에너지 스펙트럼 분포를 보면 몇 가지 의미있는 정보를 얻어낼 수 있다. 그림 5-1에서 보여주는 계측 결과는 골프 선수의 집중력을 평가하기 위해 설정된 문제를 해결하는 상황에서 계측한 EEG 뇌파로부터 산출한 에너지 스펙트럼이다. 인지 기억과 사고를 담당하는 뇌의 전두엽과 전전두엽에 대한 좌측 F1, F3의 측정 포인트와 우측 F2, F4 등 총 4개 포인트에서 계측한 결과를 위에서부터 순서대로 표시한 것으로 뇌의 활성화 정도를 나타내는 것이다.

즉, 주어진 문제를 인지하고 깊은 사고를 시작하는 구간에서 초기 12초 간의 뇌 에너지 스펙트럼에 대한 변화를 계측하여 에너지 밀도의 세기를 색으로 나타낸 것으로, 주파수 대역별 알파, 베타, 세타파의 세기를 보여주고 있다. 그림에서 위쪽 두 개 스펙트럼이 아래 두 개보다 훨씬 더 에너지 밀도가 높아지는 것을 알 수 있으며, 이는 특정 문제를 해결하는 과정에서 좌뇌가 우뇌보다 더 활성화됨을 알 수 있다. 스펙트럼은 파란색에서 빨간색으로 갈수록 에너지 밀도가 높은 것을 나타낸다. 에너지 밀도는 12초 간의 집중력 변화에 대해서 0~30Hz까지의 주파수 대역별로 활성화되는 정도를 보여주고 있다. 선수가 골프 경기에서 해결해야 하는 문제를 만났을 때 집중해야 하는 사고 유형과 유사한 인지 집중 문제를 풀도록 하고 뇌의 활성화 스펙트럼 정도를 계측하므로써 최대 순간 몰입도의 변화 패턴을 포함한 집중력 변화에 대해 간접적으로 확인할 수 있으며, 경기력에 도움이 되는 훈련 방법을 찾을 수 있는데 필요한 정보를 제공할 수 있다. 예를 들어, 퍼팅을 하는데 있어 선수는 3가지를 동시에 집중해야 하는 순간 다중 처리 집중력을 발휘해야 한다.

즉, 볼을 보내려는 그린 위 목표점을 놓치지 말아야 하며, 스트로크의 세기를 기억해야 하며, 임팩트에 신경을 써야 한다. 순간적으로 두 가지 이상을 놓치지 않고 실수 없이 연속적으로 집중을 해야 하는 문제는 쉬운 것이 아니다. 뇌 스펙트럼을 보면서 퍼팅 훈련을 하면 퍼팅 실수가 많을 때 스펙트럼으로부터 집중력 패턴의 변화를 분석하는 것이 가능할 수도 있다.

골프 경기에서 필요로 하는 집중력의 유형을 좀 더 세분화하여 분류하면 앞서 설명한 것처럼 장시간의 집중력 유지 능력과 순간 최대 몰입 집중력을 포함한 인지 집중력과 다중 처리 집중력, 환경 적응 집중력 등이다. 골프 경기력 향상을 위한 집중력 강화 훈련 계획은 무엇보다도 장기적이며 지속성을 필요로 한다는 것을 염두에 두어야 한다. 더불어 계측한 EEG 뇌파 신호를 기반으로 각 주파수 출현비율에 대해서 SMR파와 Mid-Beta파의 합을 Alpha파로 나누어 집중의 정도를 정의하는 집중 지표 값을 보는 것으로 집중의 정도(구간 몰입도)를 정량적으로 확인하는 것이 가능할 것이다. 학술적으로 사용하는 뇌파 계측에 근거한 집중의 몰입도를 나타내는 직접 평가 방식과 함께 인지 집중 능력을 포함한 분산 처리 집중력 등 보다 세분화된 간접적인 집중력 평가 방법이 사용될 수도 있다. 그러나 직접 계측에 의한 집중 지표는 사실상 뇌의 활성화 정도를 뇌 생리학적 반응에 대한 계측 결과를 나타낸 것이므로 실험적 상황에 따라 달라질 수 있으며, 이 지표가 높은 사람이 집중력과 관련한 모든 능력이 우수하다고 단언할 수는 없다는 것에 유의해야 한다.

그림 5-2 각 계측 채널별 EEG전압 분포 함수

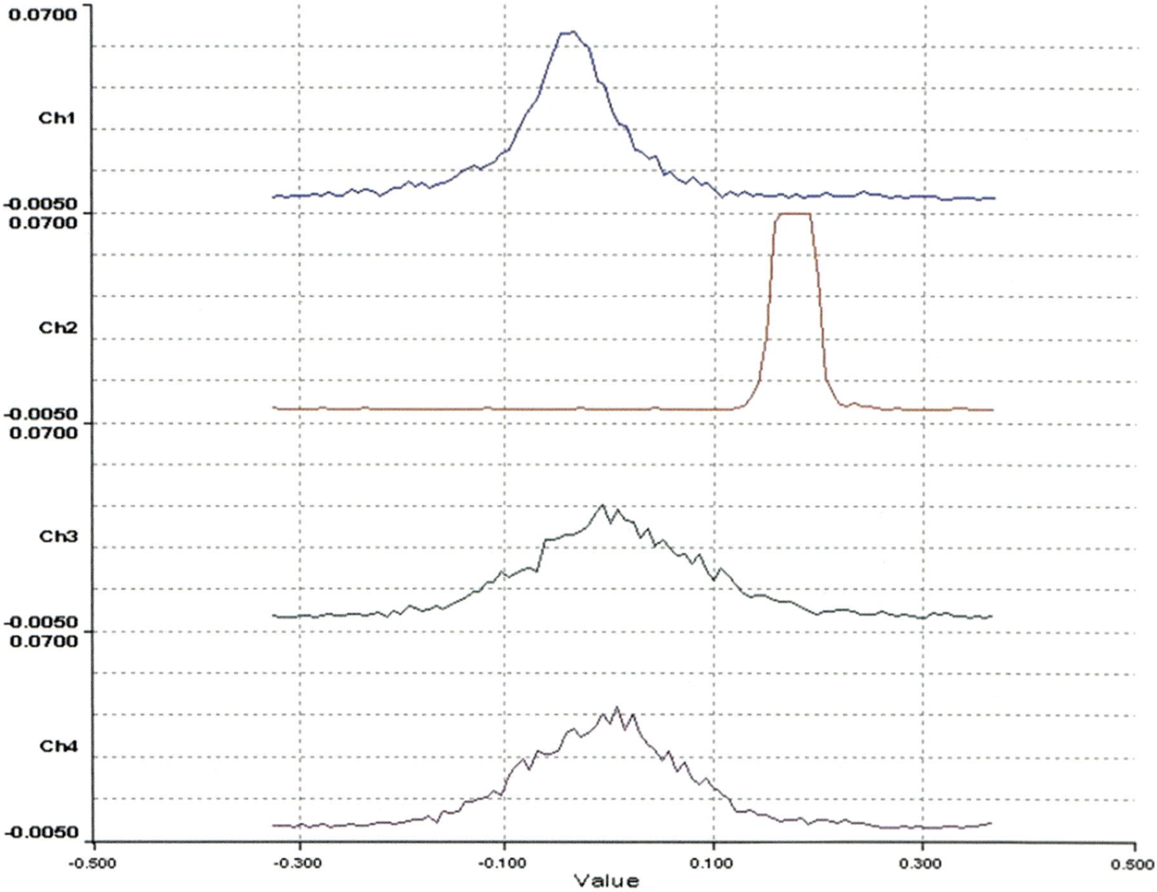

▲ 측정된 뇌파 신호에서 뉴런의 '활동 전위'를 나타낸 전압 분포 함수로부터 좌뇌와 우뇌가 활성화되는 정도를 확인하게 되면 선수가 좌뇌 기반의 사고를 하는지 우뇌 기반의 사고를 하는지에 대한 성향을 반영하여 보다 효과적인 OOP 훈련 계획의 수립이 가능하다.

특히, 이러한 계측의 수단만을 가지고 골프 선수의 뇌 집중도를 나타내는 것은 아직 학술적으로 연구가 진행되고 있다는 점을 감안할 때 골프 경기력에 영향을 주는 세분화된 집중력의 유형을 구분해 내는 것이 쉽지가 않다. 집중력은 인지 능력을 포함하여, 주의력, 순간 기억력 등 다양한 요인을 모두 포함하고 있다. 골프 선수에게 필요한 집중력의 형태가 무엇이며 선수에게 어떤 부분에 대한 훈련이 필요한 지를 아는 것이 골프의 내적 경기력을 향상시킬 수 있는 훈련 계획 수립과 평가에 가장 중요한 것이다. 이러한 부분의 접근은 아마도 인지과학과 뇌과학 분야의 전문가 도움이 필요할 지도 모른다.

따라서 여기서는 간접적인 집중력 평가 방법에 기초한 훈련 계획 수립을 권한다. 특히 골프에서 중요한 집중력의 형태는 집중력 유지 능력과 인지 집중력으로, 장시간 경기 중 모든 상황에서 인지 능력이 경기력에 큰 영향을 미치게 된다. 코스의 위험 요소에 대한 판단과 그린에서의 공간 인지에 필요한 집중력은 감정의 변화와 환경 변화에 따라 순간적으로 쉽게 상실하기도 하고 회복하기도 한다. 그러나 경쟁에서 순간의 집중력 상실은 우승 경쟁에서 멀어지기도 하고 컷 탈락에 걸릴 수도 있음을 유념해야 한다. 어찌 보면 이러한 집중력의 수준 인식과 훈련 및 평가 방법을 찾는 것이 가장 어려운 골프 훈련 분야일 것이다.

집중력 향상에 필요한 훈련 계획의 수립과 평가 기준을 설정하는 방법은 몇 가지 단계로 구분하여 진행하는 것이 효과적이다. 우선 선수의 집중력 유지 능력을 평가하는데 있어 경기 데이터를 중심으로 메타인지 과정에서 분석하는 경기 패턴을 통해 간접적으로 확인하는 것이다.

HOLE	1	2	3	4	5	6	7	8	9	OUT	10	11	12	13	14	15	16	17	18	IN	TOT
Par	4	5	3	4	4	4	4	3	4	35	4	5	3	4	4	4	5	3	4	36	71
Round	4	4	2	4	4	4	4	2	4	32	4	6	3	5	4	4	4	3	3	36	68
Status	+4	+3	+2	+2	+2	+2	+2	+1	+1	-	+1	+2	+2	+3	+3	+3	+2	+2	+1	-	+1

Aces　Eagles　Birdies　Par　Bogeys　Double Bogeys +

위의 스코어 카드 예시에서 보기를 범한 구간을 눈여겨 볼 필요가 있다. 두 개의 버디로 경기를 시작 했지만 시간이 지나며 11번 홀에서 보기를 했고 다시 13번 홀에서 보기를 한다. 이후 경기 종료를 앞두고 16번 홀과 18번 홀에서 버디를 추가한다. 그런데 경기 중반에 보기를 범하는 이러한 경기 패턴이 자주 반복되면 경기 시작 이후 중반 시점에서 집중력 유지 능력에 문제가 있다고 본다. 보통 3경기 12라운드의 경기 결과에서 6라운드 이상 이와 유사한 패턴을 보이면 골프 기술적 문제보다는 중반 집중력 유지 훈련을 계획해야 한다.

선수의 경기력을 분석하다 보면 의외로 많은 선수가 규칙적인 경기 패턴을 보이는 경우가 있다. 초반 2개 홀까지 반복적으로 보기를 많이 하거나, 홀 중반에서 반복적인 문제가 발생하기도 한다. 물론 순간 집중력이 흐트러져서 타수를 잃는 경우도 있다. 결국 골프 경기에서 발생하는 많은 문제점들은 경기의 흐름에 대한 집중력을 잃거나 심리적 요인에 의해 집중력이 분산되는 문제에서 기인한다. 이러한 집중력은 선수의 경기력을 지배하는 직접적인 요인이 되기도 한다. 하지만 선수 스스로가 집중력 훈련을 위한 계획을 세우는 것은 쉽지 않다. 골프의 경기력 향상에 필요한 집중력 훈련 방법과 관련하여 뇌과학, 인지과학 전문가들의 연구 결과를 찾아보기가 어렵고, 집중력의 중요성은 알지만 체계적인 집중력 평가 훈련 프로그램이 없기 때문이다. 저자의 연구실에서 그간 뇌인지 집중력 실험을 통해 얻은 자료에 근거해서 선수 스스로 골프 경기력에 도움이 될 수 있는 집중력 훈련과 간접적 평가 방법에 대한 몇 가지 팁을 다음 제6장에서 설명하겠다. 우선 골프 집중력 훈련을 위한 계획에 있어 중요한 것은 앞에서 설명한 자신의 경기 중에 문제가 되는 집중력 형태를 인지하는 것이다. 이를 위한 집중력 훈련 계획과 평가를 위한 메타인지 절차를 요약하면 다음과 같다.

1. 골프 경기력에 영향을 미치는 4가지 집중력 형태(다중 처리 집중력, 환경 적응 집중력, 집중 유지 능력, 순간 최대 몰입도, 공간 및 상황 인지 능력) 가운데 자신의 골프 경기 패턴과 관련하여 보완할 것이 어떤 집중력 형태인지를 확인한다.

2. 집중력 유지 능력에 대한 간접적 평가는 적어도 최근 5개의 경기 결과 스코어 자료를 활용해서 추론한다. 이때 보기 이상을 범하게 되는 구간이 규칙성 있게 반복되는지 여부를 확인한다.

3. 공간 및 상황 인지 능력에 있어 거리 산정 실수와 홀 공략을 위한 판단 실수, 퍼팅 경사를 잘못 인식한 실수가 한 경기에 몇 번인가를 확인한다.

4. 순간 최대 몰입도 확인을 위해 퍼팅에서 임팩트 실수나 3putt 실수, 오차 범위를 크게 벗어나는 샷 실수가 얼마나 발생하는지를 확인한다.

5. 위 2~4의 확인 결과를 통해 훈련을 해야 하는 집중력 형태를 정하고 평가 기준을 마련한다. 2~4에 해당하는 실수가 경기당 1회 이내로 발생하면 집중력 훈련을 별도로 하지 않아도 된다.

▲ 선수의 집중력 변화 양상이 모두 다르기 때문에 집중력 훈련 계획을 수립하는 데 있어 자신의 집중력 유지 능력, 환경 적응과 다중 처리에 대한 집중력, 인지 집중력과 최대 몰입도의 수준에 대한 메타인지가 선행되어야 한다.

만일 스코어 카드 분석 결과 어떤 선수가 18홀 집중력을 유지하는 것과 관련한 문제가 있어 이에 대한 훈련 계획을 수립한다고 하자. 막연할 것이다. 집중력의 훈련 목표 설정은 골프 기술적인 훈련 목표 설정과 동일하지 않다. 우선 경쟁 선수의 정량적인 수준을 인지할 수 없으며, 표준화된 평가 방법이 없기 때문이다. 사실 뇌 인지과학 전문가의 조언을 구한다고 해도 골프에서 요구하는 집중력의 형태별로 각각 어떻게 훈련 목표를 설정해야 할지 난감한 문제이다. 그러나 앞에서 설명한 골프 집중력 메타인지 절차를 토대로 훈련 목표는 상대적인 목표가 아닌 선수 자신의 절대적인 목표를 설정해야 한다. 자신의 부족한 집중력 수준에 대해 스스로 만족하는 선을 찾아서 훈련을 지속해야 한다.

어쩌면 고난위도의 스핀 샷을 몸에 익히기 위해 연습하는 것에 비해 수십 배 이상의 시간이 소요될 수도 있으며, 끝내 만족한 결과를 얻지 못하고 선수 생활을 마감할 수도 있다. 설령 원하는 만큼의 집중력 향상이 없다 하더라도 지속적인 집중력 훈련을 권한다. 투어 프로에게 평생의 한 타가 인생을 바꿀 수도 있기 때문이다.

다음 제6장에서 설명되는 집중력 훈련 팁과 유사한 방법을 선택하여 지속적인 훈련을 수행하되 가급적 저녁 시간에 할 것을 권한다. 일반화된 집중력 훈련 방법은 없기 때문에 '골프 집중력 훈련 방법'을 참고하는 것이 바람직할 것이다. 그간 수행한 인지 집중력 연구에서 집중력 평가 레벨은 1~5로 구분한다. 레벨 5는 최고 집중력을 가진 수준으로 일반인 평균을 레벨 2로 보면 된다. 보통 골프 선수가 경기장에서 보이는 집중력의 순간 최대 몰입도 레벨은 3.5~4.5 수준이다. 선수가 경기하는데 있어 퍼팅 시에 순간 최대 몰입도가 가장 높게 나타난다. 일반적으로 선수마다의 집중력에 대한 변화 양상이 모두 다를 것이다. 18홀 간의 경기 흐름에 온전히 몰입해야 하는 집중력 유지 능력에 어려움이 있거나(집중력 유지 훈련 필요), 감정 변화나 상황 변화에 순간 최대 몰입도가 크게 영향을 받아 흔들릴 수 있고(환경 적응 집중력, 다중 처리 집중력에 대한 훈련 필요), 체력적인 요인이나 혹은 자신감을 잃고, 긴장도가 높아지면 상황 인지에 대한 집중력이 크게 영향을 받아 잘못된 판단을 하는 경우(인지 집중력 훈련 필요)도 있다. 이들 집중력의 형태에서 자신이 훈련할 필요성이 있는 것에 대해서는 스스로의 경기 패턴을 뒤돌아 보거나 자신의 경기 스코어 카드를 분석하면서 쉽게 인지가 가능할 것이다.

이러한 과정에서 집중력 훈련의 필요성이 제기될 때 목표와 계획을 수립하는 과정을 요약하면 다음과 같다.

1. 우선 훈련의 목표는 상대적인 목표가 아닌 절대적인 목표를 설정한다.
2. 절대적 목표는 현재 집중력 수준을 기준으로 단계적으로 높여간다.
3. 네 가지 집중력의 형태 가운데 훈련의 필요성이 있는 집중력에 대한 현재 절대적 수준을 Level 2라면 이에 대한 상대적 수준을 Level 3로 정한다.
4. Level 2의 평가 기준 대비 Level 3 수준 평가의 기준과 훈련 방법을 결정한다.
5. 훈련 기간과 강도를 결정하고 일정 기간 후 Level 4에서 설정한 평가 기준에 의거 훈련 성과를 평가한다.

집중력 훈련과 평가의 방법에 대해서는 다음 제6장에서 좀 더 상세히 다루도록 한다.

CHAPTER 6

경기력 강화를 위한 목적 지향적 훈련 방법

메타인지를 통한 훈련 목표가 설정되었다면 훈련 목표 달성을 위한 가장 효과적인 훈련 방법은 무엇일까? 기술적인 샷을 익히는 훈련을 한다면 시합에서 쓸 수 있는 훈련이 되어야 한다. 훈련 방법에 대한 이야기를 하기에 앞서 훈련 결과의 활용에 대한 용기가 필요하다는 것을 먼저 말해 두고 싶다. 많은 선수들의 경우 동계 훈련이나 연습 때는 충분하게 몸에 익혔다고 생각해도 막상 시합에서 효과를 보기 위해서는 여러 번의 시행착오를 거쳐야 한다는 것을 잘 알 것이다. 프로는 물론 아마추어도 이러한 경험을 많이 갖고 있을 것이다. 충분히 연습을 한 경우에도 실제 시합의 결정적인 상황에서는 실수할 것을 우려해서 훈련 내내 연습한 효과적인 샷을 쓰지 못하고 본인이 편하게 해오던 샷을 하게 될 확률이 크다. 시합에서 새로이 준비해온 샷을 적용하는데 있어서는 과감한 배짱과 용기가 필요하다. 몇 개의 시합을 망쳐도 좋다고 결심하고 새롭게 연습한 샷을 실전에 적용해야 하며, 여기에는 강한 멘탈이 뒷받침되어야 한다. 이러한 멘탈이 뒷받침되지 않으면 아무리 좋은 골프 기술적 능력을 훈련했어도 의미가 없어질 수 있다. 연습해서 준비한 샷을 시합에서 처음 구사했을 때 결과가 좋지 않으면 다음 번에는 더더욱 사용하기 어려워지게 된다. 따라서 이를 극복할 수 있는 강한 멘탈은 스스로가 만들어야 할 것이다.

▲ "연습이 완벽함을 만드는 것이 아니다. 완벽한 연습이 완벽함을 만든다."

또한, 효과적인 경기력 향상을 위해 비시즌 중에 선수의 생활은 균형과 조화를 가지고 있어야 한다. 골프 기술적 훈련과 휴식, 휘트니스, 재활 그리고 취미 활동과 사회적 소통에 대해 균형과 조화가 이루어지는 훈련 프로그램을 추천한다. 투어 프로에게 있어서는 휴식, 재활, 취미 활동, 사회적 소통과 참여 또한 훈련의 일부로 간주되어야 한다는 것이다.

효과적인 골프 기술적 훈련은 시합과 똑같은 긴장감을 유지하고 시합과 같은 조건과 환경을 만들어서 연습하는 것이 바람직한 훈련 방법이라 하겠다. 하지만 어떻게 그렇게 할 수 있을까? 시합과 똑같은 상황을 만들 수 없다면 시합과 가장 유사한 상황과 긴장감을 가질 수 있도록 연습 환경과 연습방법을 고민해야 한다. 물론 연습의 성격이나 목표, 훈련 방법은 투어 프로의 경우와 프로지망생이 같을 수는 없다. 여기서는 투어 프로를 대상으로 한 연습 훈련 방법을 중심으로 이야기하도록 한다. 경기력 향상에 필요한 효과적인 훈련 방식을 한 가지로 정의하는 것은 불가능하겠지만 4장에서 이야기한 메타인지를 통해서 인지한 자신의 보완점에 따라 훈련 계획은 달라질 수 있다. 효과적 훈련 방법에 대한 이야기를 하기 전에 먼저 훈련이 재미있도록 프로그램을 만들어야 한다는 것이다. 훈련 자체가 힘들고 재미가 없다면 효과는 반감될 수밖에 없으므로 우선 재미있는 훈련 방식을 추천하고 싶다. 긴장감 있는 시합과 유사 환경에서 훈련해야 한다는 말과는 대치되는 듯이 들리겠지만 긴장과 재미를 동시에 느끼도록 훈련 받는 것이 가장 바람직

▲ 훈련을 통해 도달하고자 하는 명확한 목표의 객관적인 확인 방법과 다른 선수의 수준에 대한 비교가 가능한 훈련 프로그램을 구축해야 긴장과 재미를 동시에 느낄 수 있다.

하다고 생각한다. 또한 자신이 선호하는 훈련 방식에 대해 인식해야 한다. 좌뇌적 사고와 우뇌적 사고의 유형이 효과적 결과를 얻기 위해선 훈련 방법이 같을 수 없다. 물론 좌우 뇌가 균형있게 발달한 선수도 있지만 저자가 접합 선수들의 경우 좌뇌적 사고와 우뇌적 사고 유형으로 뚜렷하게 구분되는 것을 볼 수 있었다.

▲ 선수가 우뇌적 사고와 좌뇌적 사고 중 어느 행동 패턴을 갖느냐에 따라 연습 훈련 방식이 달라져야 한다.

효과적 훈련의 화두는 "어떻게 하면 시합 환경과 유사한 긴장감 속에서 재미있는 훈련이 가능할까?"라는 것이다. 그건 우선 어떠한 훈련을 하든 목적한 훈련을 통해 본인의 실력이 명확히 개선되고 있다는 것을 인지할 수 있어야 한다. 이를 위해서는 5장에서 설명한 것처럼 도달하고자 하는 객관적인 훈련 수준을 정하고 그 수준을 확인하기 위한 평가 방식을 가지고 있어야 한다. 물론 훈련 수준을 정하거나 훈련 결과가 목표 수준에 도달했는지를 평가하는 방법을 만드는 것은 쉽지 않지만 선수 스스로 방법 설정이 어려우면 골프 지도자들의 도움을 받는 것도 바람직하다.

다음 절에서 이와 관련한 몇 가지 유용한 훈련과 평가를 위한 미션들을 소개한다. 그에 앞서 과거에 해오던 전통적인 훈련 방식과 목적 지향적인 훈련 방식의 차이를 비교해 볼 필요가 있다.

Dr. Bob Christina는 과거에 해온 전통적인 골프 훈련 방식을 'Scraping and Hitting'으로 표현한다. 같은 클럽으로 좋은 조건의 경사에서 반복적으로 같은 거리를 향해 샷을 하고, 대부분은 연습에 설정된 기술적 목표점이 없으며, 시합에서와 같은 긴장감 있는 상황에서 벗어나 많은 시간을 연습에 투자한다는 것이다. 이러한 전통적인 연습 방법은 투자한 시간에 비해 효과성이 떨어지며 시합에서 발생한 문제를 보완하는데 있어 많은 시행착오를 경험할 수밖에 없다. 물론 이러한 과거의 훈련 방식이 전혀 도움이 되지 않는 것은 아니다. 새로운 스윙의 폼을 교정하여 몸에 익히고 샷의 일관성을 유지하기 위한 훈련 방식으로는 여전히 매우 유용한 훈련법이라 할 수 있다. 하지만 경기력 향상을 위해서는 선수에 따라 훈련의 효과를 극대화할 수 있는 훈련 방법을 택하는 것이 무엇보다 중요한 부분이다.

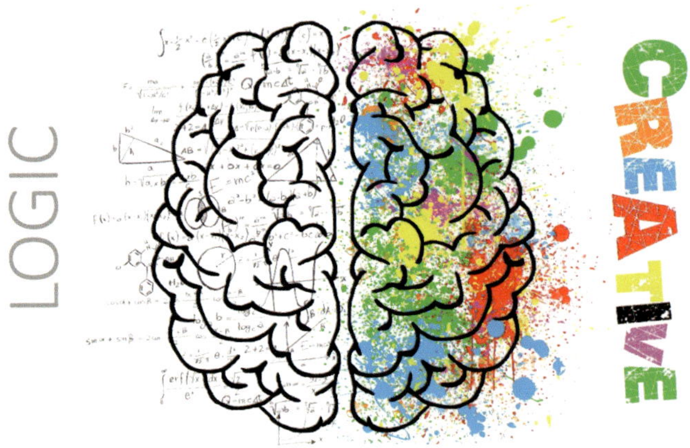

▲ 뇌 활동 양식은 골프의 스타일을 결정하며, 훈련 프로그램은 골프 스타일에 맞도록 짜여야 효과를 높일 수 있다.

대부분 투어에서 활약하는 선수들은 코치를 선택하는데 있어 검증된 인지도가 있고 소통이 잘되며 본인에게 편한 코치들과 훈련을 하기 마련이다. 하지만 특정한 샷의 교정, 보완에 대한 부분을 벗어나서 전체 경기력 강화의 측면에서 훈련 프로그램이 자기와 맞는지에 대해 고민해 볼 필요가 있다. 앞에 설명한 것처럼 사람의 사고와 행동 양식을 보면 크게 우뇌적 사고와 좌뇌적 사고의 행동 패턴을 보인다. 물론 행동 패턴은 뇌의 활용 성향에 따라 뚜렷한 차이를 보인다. 사실 좌·우뇌가 50:50의 비율로 균형있게 발달되면 가장 이상적이지만 이러한 사람은 많지가 않다.

저자의 연구에서 확인한 골퍼들의 사고 행동 양식과 골프 성향을 볼 때 흥미로운 점이 있다. 우선 우뇌적 사고를 하는 골퍼는 본인의 직관을 중요시하는 직관적인 결정과 샷을 구사하는 경향이 많고, 좌뇌적 사고를 하는 골퍼는 계산적인 공략을 중시하는 샷을 한다는 것이다. 그럼, 나는 좌뇌적 사고와 우뇌적 사고 중 어떤 쪽에 치우쳐 있는지에 대해 어떻게 확인할 수 있을까?

의학적으로 이 부분에 대해 정확한 검증 자료는 많지 않다. 그러나 몇몇의 연구에서 보통 좌뇌적 사고는 논리적이며, 인지적 재구조화를 통해 어떤 문제에 대해 순차적으로 해결책에 접근해 가는 통찰적인 뇌의 활용 성향을 나타내는 반면 우뇌적 사고는 감성적이며, 창의적 생각과 독창적 결과를 생성하는 확산적 사고 능력을 가졌다는 것이다. 즉, 알려진 몇몇 연구자들의 이야기를 요약하면, Cohe은 좌뇌가 계열적 정보 처리를 하는 반면 우뇌는 동시적 정보 처리를 한다고 그의 연구에서 확인하였고, Diamond에 의하면 우뇌는 직선적이며 언어에 기초를 둔 사고를 하는 반면 좌뇌는 명료하고 순차적이고 논리적 특성과 분석적이며 이성적 특성을 나타낸다는 것이다. 동시에 우뇌는 시각적이고 공간적이며 지각적 정보를 선호한다고 말한다. 이러한 뇌 활동의 성향은 선수마다 골프 스타일을 결정하는 중요한 내용이 아닌가 생각한다. 따라서 효과적인 경기력 향상을 도모하려면, 선수가 어떠한 골프 스타일을 가졌는가에 따라 그것에 적합한 훈련 방식을 선정해야 한다는 것이다.

그럼 나는 확산적 사고를 하는 우뇌형인지 수렴적 사고를 하는 좌뇌형인지 어떻게 판단할 수 있을까? 우선 좌뇌형과 우뇌형인 사람의 행동 패턴을 분류해 놓은 연구 자료들을 보면 대략적인 기준이 되겠지만 이는 정확하다고는 말할 수 없다. 그래서 저자의 연구실에서는 앞서 5-2절에서 설명한 것처럼 통합적 뇌의 사고 능력을 필요로 하는 문제를 제시하고 이 문제를 푸는 과정에 좌뇌와 우뇌의 활성화 정도를 측정하는 방법을 많이 사용해오고 있다. 이러한 뇌 활동에 대해 연구하는 뇌과학 분야가 골프 경기력 향상에 접목된다면 매우 효과적인 결과를 가져올 것으로 예측된다. 그렇다면 좌뇌적 사고를 가진 골퍼와 우뇌적 사고를 가진 골퍼에게 적합한 훈련 방법은 각각 어떻게 다른가?

우선 좌뇌적 사고를 가진 골프 선수의 훈련 방식은 훈련의 정확한 목적과 방법, 기술적 원리에 대해서 상세하게 이해시키고 훈련 결과에 대해 객관적으로 평가해 주는 것이 훈련의 만족도를 높일 수 있다. 반면 우뇌적 사고를 가진 골프 선수에게는 틀에 맞추어 훈련 프로그램을 운영하기보다 스스로 목표를 달성할 수 있도록 보다 자율적인 훈련 방식을 택하는 것이 좋은 훈련 결과를 만들 수 있다. 하지만 이들 모두에게 공통적으로 중요한 것은 설정한 훈련의 목표가 해당 투어 선수의 상위권 Top10을 기준으로 어느 수준이며, 목표 달성이 어떤 결과를 만들어 줄 것인지에 대한 객관적인 인식을 함께 하는 것이다. 그래야 연습의 동기 유발과 의욕이 높아지게 되며 훈련을 효과적으로 할 수 있게 된다.

6-1 메타인지와 목적 지향적 훈련

목적 지향적인 자기주도 훈련OOPS, Objective Oriented Practice by Self-Directed Learning은 과거의 전통적인 훈련 방식과 3가지 측면에서 차이가 있다. 우선 메타인지를 통해 설정된 훈련 목적을 효과적으로 달성하기 위한 미션 중심의 훈련 방식이라는 점이다. 따라서 본인 경기력에 대한 메타인지 과정이 반드시 훈련에 앞서 선행되어야 하며, 훈련의 세부 수행 목적을 달성하기 위해, 필요한 미션이 명확하게 계획되어야 하는 것이다.

둘째는 미션의 목적을 달성하기 위한 과정에서 선수 스스로 자신의 문제를 보완하고 해결하기 위한 방법을 찾아야 하는 자기주도형 연습 방법이다.

▲ 목적 지향적 자기주도 훈련(OOPS)을 위해서는 골프공의 물리적 탄도와 샷의 역학적 관계를 잘 이해해야 하며, OOPS는 스윙을 교정해서 좋은 샷의 결과를 얻으려는 접근이 아닌, 스윙 결과 볼의 탄도를 이해하고 스윙을 안정화해 가는 훈련 방법이다.

물론 코치의 도움을 얻는 것을 병행해도 된다. 하지만 코치의 의견에 절대적으로 따라가서는 안 되며, 조언으로 받아들여 자신의 골프에 반영할지 여부는 본인이 결정해야 한다는 것이다. 즉, 티칭에 의존하는 골프를 해서는 안 된다. 골프에 필요한 테크닉은 가급적 코치에 의존해서 습득하지 않고 스스로 습득해야 하며, 이를 위해 선수는 "경험적인 지식보다 원리적인 지식을 이해하고 이것을 스스로의 스윙에 적용"하는 노력을 해야 한다. 코치에 의해 만들어진 샷보다 스스로 터득한 샷은 시합에 적용하는데 있어 시행착오를 훨씬 줄일 수 있으므로 보다 효과적인 결과를 만들 수 있다.

셋째는 목적을 달성했는지에 대한 평가와 분석을 필요로 한다는 점에서 기존의 훈련 방식과 다르다. 모든 훈련에서 설정한 목적 수준에 도달했는지를 확인하는 것은 매우 중요한 일이다. 특히 골프 기술적 부분에 있어 드라이버 정확도를 비롯한 아이언 샷의 정확성, 어프로치 능력과 퍼팅 능력 등에 대한 효과적인 평가 방법을 가지고 있어야 한다. 미션 중심의 훈련 방식에서는 먼저 미션이 선수가 보완하고자 하는 문제를 효과적으로 해결할 수 있도록 설계되어야 하는 것이 무엇보다 중요한 요소다. 이러한 미션은 선수마다 동일할 수 없으며, "우선 스윙을 교정하고 샷의 성과를 바라는 것이 아니라, 샷의 결과로부터 스윙을 교정해가는 연습 방법"으로 이해하면 좋겠다. 그러기 위해서 선수는 볼의 역학적인 운동에 대해 이해해야 하며, 샷의 결과로부터 나타나는 물리적인 탄도와 샷의 역학적 관계를 이해하는 것도 중요하다. 물론 아마추어의 경우에는 이러한 연습 방법이 맞지 않을 수 있다. 정확한 볼의 컨택을 만들어 내는 확률이 매우 낮으므로 골프공의 물리적인 탄도와 샷의 역학적 관계를 잘 이해하고 있다고 해도 목적한 샷을 만들기가 어렵겠지만, 프로 선수에게는 OOPS자기주도 훈련 훈련 방법이 매우 효과적일 수 있으며, 선수 자신의 골프 능력에 대한 메타인지만 정확히 된다면 코치 없이 연습과 훈련을 수행하는 것이 가능하다.

6-1-1 OOPS 훈련을 위한 준비

Tip OOPS에 필요한 훈련 목표의 설정을 위해서는 선행적으로 메타인지를 통한 선수의 경기력 분석 과정이 있어야 한다. 우선 선수가 가진 경기력에 대해 경쟁자와 상대적인 수준을 평가하기 위해 필요한 지표를 설정하고 통계 분석에 필요한 자료를 확보해야 하며, 훈련의 목표와 평가 기준이 정해져 있어야 한다. OOPS 훈련 목표 수립의 과정은 4장과 5장의 내용을 참조하기 바라며, 수립된 훈련 계획이 경기력 메타인지를 통해 찾은 보완점을 극복하는데 있어 타당한 내용인지에 대해 최종 확인하고 소요되는 훈련의 강도와 기간을 예측할 수 있어야 한다.

앞 제4, 5장에서 설명한 메타인지와 훈련 계획 수립 과정은 OOPS 훈련의 첫 번째 단계이다. 어떤 선수가 퍼팅이 문제가 있어 시합에서 좋은 결과를 만들지 못한다고 가정하자.

아마도 선수는 퍼팅 그린에서 오랜 시간을 보내며 연습을 하다가 결과가 개선되지 않으면 퍼팅을 전담하는 코치를 만나 퍼팅의 스트로크를 체크하거나, 스트로크 일관성을 보기 위한 장치들을 부착하여 퍼터 헤드 움직임에 대한 확인과 함께 나름의 진단을 하려 할 것이다. 최후에는 클럽도 교체하는 등 많은 노력을 기울이고 그간의 노력한 결과를 시합의 성적으로 확인하려 할 것이다. 하지만 경기 환경에서의 스트로크에 영향을 미치는 또 다른 요인이 발생했다면 앞서 노력한 모든 것들이 한순간에 물거품이 될지도 모른다.

그러나 경기에서 퍼팅은 스트로크의 기술적인 부분도 있지만 수시로 변하는 감각과 집중력의 영향을 많이 받기 때문에 좋았던 감각이 항시 잘 유지되거나 모든 순간 최대의 집중력이 발휘될 거라는 생각은 잘못된 것이다. 선수가 아무리 많은 퍼팅 훈련을 해왔어도 퍼팅 감각이 좋을 때

▲ 특정 코스는 슬라이스 경사나, 훅 경사, 혹은 오르막이나 내리막 경사 중 특히 많은 퍼팅을 해야 하는 경사 그린들로 세팅되는 경우가 있다. 1라운드 시합을 해보고 어떤 그린에 속하는지를 인지하고 2, 3, 4라운드를 준비하는 것도 창의성 측면의 경기력 요인이 된다.

와 나쁠 때는 언제든 반복될 수 있다. 따라서 막연히 퍼팅의 문제를 해결하려는 시도는 바람직하지 않다. 즉, 1putt의 확률을 높이거나 3putt를 하지 않기 위해서는 골프 기술적 메타인지 결과를 훈련에 연결하는 것이 바람직한 것이며, 이 과정에서 통계적 분석은 선수가 가진 약점이 무엇인지를 객관적으로 판단하는 근거가 된다. 4장에서 설명한 것처럼 다양한 경사도와 퍼팅의 거리, 그린의 스피드 등에 대해 선수의 보완점을 찾는 것이 선행되어 수행 목표가 수립된 후 목적 지향적인 훈련 프로그램을 확정하는 것이다.

여기에서 퍼팅의 문제를 해결하는데 우선 중요한 것은 메타인지 1단계의 경기력 요소 상호간의 연관성을 보는 것이다. 퍼팅의 문제점이 Technical Power가 미흡한 때문인지 Inner Power의 문제인지를 명확히 해야 한다. 만일 기술적 능력이 문제라면 경사를 보는 능력이 부족한 것인지 아니면 스트로크의 불안정에서 오는 실수가 많은지, 혹은 미소 힘 조절과 관련한 감각적 능력이 미흡한지를 명확히 해야 한다. 골프 기술적 문제라면 어떤 거리와 경사에서 퍼팅 성공률이 높고 실수가 많은지를 확인(메타인지 2, 3단계)할 수 있는 객관적인 자료를 수집해야 할 것이다. 투어의 공식 사이트에서 제공하는 자료를 포함하여 표 4-1을 확보하기 바란다. 이로부터 메타인지 4단계 과정인 객관적이며 정량적인 분석을 통해 보완점을 결정하면 된다. 투어 선수의 경기를 분석하다 보면 특정한 코스에서는 슬라이스 경사에서의 퍼팅이 대체적으로 많거나, 어떤 코스에서는 훅 경사의 퍼팅을 많이 해야 하는 그린들을 볼 수가 있다. 이때 슬라이스 퍼팅에 문제를 안고 있는 선수라면 슬라이스 퍼팅이 많은 골프 코스에서는 당연히 고전할 것이다. 하지만 선수 스스로 본인의 골프 기술적 능력에 대한 메타인지가 되어 있지 않은 상태에서는 전반적인 퍼팅에 문제가 있다고 인식하게 되고 전체적인 퍼팅 스트로크의 문제를 찾으려는 경우가 발생한다. 다시 다음 시합에서 훅 경사가 많은 코스를 만나면 지난주 연습한 결과 스트로크 문제를 해결했다고 믿는다. 따라서 본인의 골프 기술적 능력에 있어 디테일하게 인지할 필요가 있다. 이러한 이유에서 메타인지 기반의 목적 지향적인 훈련의 필요성이 절실하다고 하겠다. 다시 강조하지만 경기력을 향상시키기 위한 모든 노력의 과정에서 선수의 경기력 문제를 확인하는 메타인지의 과정이 첫 번째로 해결되어야 한다. 내가 지도하고 있는 한 선수의 경우에는 오르막 훅 경사에서는 성공률도 낮고 3퍼팅 확률도 매우 높다. 반면 슬라이스 내리막 경사에서 성공률이 높으며, 버디를 가장 많이 만든다. 또한 내리막 경사의 퍼팅 성공률이 오르막 경사 성공률에 비해 거의 2배에 이른다. 이는 일반적인 선수의 패턴과는 사뭇 다르다. 대개는 오르막 경사의 퍼팅 성공률이 내리막에 비해 높기 때문이다. 선수의 경기력 향상을 위한 훈련 프로그램을 만드는데 있어 이러한 정보는 매우 유용한 것이 된다. 또한 퍼팅의 결과가 안 좋은 것이 내적 능력 요소 중 하나인 집중력의 문제라면 퍼팅 스트로크를 아무리 열심히 연습해도 경기력을 향상시키기 어려울 것이다. 선수가 스스로의 경기력에 대한 인식이 정확할수록 골프 경기력의 내적 능력Inner Power을 높일 수 있다. 골프 내적 능력의 요인들 가운데 자신감은 본인의 능력을 아는 데서 생긴다. 본인의 능력을 알게 되면 샷에 대한 신뢰가 커지고, 부족한 상황을 만들려고 하지 않는다. 특히 골프 기술적 능력Technical Power에 대한 인지가 명확하다면 훨씬 큰 자신감을 얻을 수 있을 것이다.

골프 경기에서 선수들은 두 개의 클럽 사이에 있는 거리를 공략하기 위해 고민하는 경우가 많이 생긴다. 긴 클럽이 유리한 결과를 만들지, 짧은 클럽이 좋을지에 대한 선택을 잘하는 것이 의사 결정 능력Decision Making Power에 있어서 많은 부분을 차지한다고 해도 과언이 아니다.

18홀 경기에 있어 이러한 결정을 몇 번을 해야 할까?

그리고 그 중에 올바른 선택은 몇 번일까?

이때의 선택이 버디와 파를 가르는 경계가 될 수 있으므로 전체 경기력에 미치는 영향이 적지 않을 것이다. 골프 경기에서 모든 샷이 컨트롤을 하지 않아도 되는 클럽 거리에 있다면 좋겠지만 정해진 거리에 맞는 클럽으로 정상적인 스윙을 하는 조건은 경기 중 그리 많지 않으므로 갭Gap 거리의 클럽 선택과 제어 능력이 실제 경기력에 매우 중요한 요인이라 말할 수 있다. 좋은 선택과 결정을 위해서는 우선 자신의 각 클럽별 샷의 기준 거리를 명확히 인지해야 한다. 물론 투어 선수뿐 아니라 골프를 즐기는 대부분의 아마추어도 자기 클럽이 내는 샷의 기준 거리를 알고 있을 것이다. 그러나 여기서 중요한 것은 클럽이 내는 거리의 편차이다. 아마추어 중상급자의 경우에 같은 조건에서 미들아이언으로 다섯 번의 샷을 할 때 5개의 볼이 형성하는 탄착군의 직경 거리 편차는 20야드 정도로 볼 수 있다. 사실은 이보다 더 큰 편차를 가지고 있다. 투어 프로는 스스로의 샷 기준 거리 편차가 얼마나 된다고 생각할까? 물론 클럽마다 본인이 알고 있는 기준 거리에 대한 실제 샷 편차가 다를 수 있으며, 긴 클럽일수록 볼이 비행하는 과정에 공기 압력이나 바람, 온·습도의 영향을 많이 받게 되므로 상황별로 편차가 커질 수밖에 없다. 하지만 선수 자신의 클럽이 내는 샷 편차를 명확하게 인지하지 못한다면 좋은 결과를 만드는 것은 운에 맡기는 일이 될 수도 있다. 그러나 대부분 투어 선수들은 오랫동안 머리 속에 쌓아온 경험적인 DB를 통해 직관적이며 감각적으로 거리를 산정하고 클럽을 정하는 경우가 많다. 물론 선수의 경기력은 이 경험적 DB의 우수성에 달려 있을 수 있다. 하지만 보다 좋은 경기력을 원한다면 이 부분에 대한 명확한 메타인지 과정을 거치기를 권고한다.

목적 지향적인 훈련을 위한 준비 과정에서 가장 중요한 것은 골프 기술적 능력Technical Power에 대한 메타인지이며, 첫 번째 메타인지 대상 중에 하나는 본인의 클럽 기준 거리 편차를 정확하게 확인하는 것이다. 또한 바람, 습도, 온도 등 자연적 환경에 따라 생기는 샷의 편차는 동일한 거리에서 샷을 할 때 선수마다 샷의 구질이 다르기 때문에 클럽별로 다른 양상을 보인다. 따라서 환경 변수에 의해 본인의 샷 거리 편차가 어떻게 변화하는지를 명확하게 인지하는 것이 중요하다.

▲ 탄도와 스핀에 따라 다르지만 대략 250야드의 비거리를 내는 드라이버 샷을 기준으로 초속 2m의 바람은 10야드, 기온 2도 증가는 1야드, 고도 100m 높아지면 1야드의 거리 증가를 가져오는 것으로 알려져 있다.

보통 기준 거리를 얼마만큼 정교하게 가져가는 것이 좋을까? 투어 선수라면 동일한 조건에서 바람 등 환경적 영향을 받지 않는다면 평균 5야드 이내의 거리 제어 능력을 갖추고 시합에 임할 것이다. 물론 더 정교한 3, 2, 1야드 정도의 거리 제어 능력을 갖춘다면 최고의 선수가 될 확률은 더욱 높아질 것이다. 1야드의 차이는 퍼팅에 있어 버디 성공률에 막대한 영향을 주기 때문이다.

사실 어찌 보면 골프 경기는 보다 짧은 거리에서 퍼팅을 하기 위한 거리 맞추기 게임이기 때문에 이러한 샷 편차를 이해하고 줄이기 위한 훈련은 경기력 향상을 위해 매우 중요한 요소라 하겠다. 그럼 투어 선수들이 갖는 거리의 편차는 얼마나 될까? LPGA, KLPGA, KPGA의 특정 선수들의 거리 측정을 위한 샷 미션을 수행하고 결과를 분석해 본 결과 선수가 인지하고 있는 기준 거리와 실제 샷을 수행하여 확인한 편차는 최대 8야드 평균 4야드 정도를 보였다. 또한 동일한 조건에서 특정 클럽으로 11번의 샷을 수행할 경우 최대의 편차는 10야드 정도로 보인다. 이러한 거리 편차는 선수마다 다소의 차이는 있겠지만 실제 선수가 인식하고 있는 각 클럽의 거리와 비교할 때 결코 적지 않은 것이다.

동일한 클럽으로 11번의 같은 샷을 할 경우 거리에 영향을 주는 요인으로 볼이 놓인 조건(페어의 푹신한 정도, 잔디 결, 경사 등)과 기후 환경(바람, 온도, 습도 등)에 대한 상태를 동일하게 한다면, 비거리 편차가 발생하는 원인은 스윙에서 오는 볼의 정확한 컨택 여부가 될 것이다. 즉, 선수마다 스윙이 어느 정도로 견고한 일관성을 가졌느냐에 따라서 거리의 평균 편차 분포에 차이를 보일 것이다. 좋은 경기력을 갖기 위해서는 우선 스윙에서 오는 본인 샷의 편차와 샷 환경 조건과 클럽에 따라 발생하는 편차를 정확히 인지하는 것이 중요하다고 할 수 있다.

골프 기술적 능력에 대한 메타인지 자료로 활용할 수 있는 샷의 일관성과 정확한 볼 임팩트 확률을 나타내는 데이터는 표 6-1을 완성하는 미션을 통해 가능하다. 클럽별 기준 거리 산출 미션을 통해 얻은 표 6-1의 자료는 실제 시합에 있어서 홀 공략에 필요한 전술을 수립하는 경우에도 중요하게 쓰일 수 있으므로, 최대한 시합의 조건과 비슷한 환경에서 수행하기를 권한다. 표 6-1을 완성하기 위한 데이터는 실제 경기장에서 얻기 어려우므로 6-1-2절의 미션을 통해서 확보할 수 있을 것이다. 6-1-2절에서는 볼이 놓인 조건과 기후 조건을 어느 정도 일정하게 하고, 시합 환경을 고려하여 각 클럽별 신뢰성 있는 기준 거리를 정확하게 확인하는 미션을 소개한다.

6-1-2 클럽별 샷 기준 거리 산출

Tip 기준 거리는 시합에 사용하는 각 클럽이 갖는 샷의 평균 거리를 말한다. 클럽의 기준 거리는 선수의 컨디션에 따라서도 달라지며, 여러 환경 조건에 따라 달라지므로 여기서 중요한 것은 클럽이 갖는 통계적 편차를 이해하는 것이다. 기준 거리를 산출하기 위해서는 시합을 통해 1년 동안 시즌별로 지역별로 측정한 데이터를 가지고 산출하는 것이 시합에 적용하는데 있어 가장 바람직하다. 하지만 이것이 용이치 못한 경우 표 6-1을 활용하여 산출하는 것을 권장하며, 이는 경기력 메타인지와 목적 지향적 훈련을 위해 중요한 요인이 될 수 있다.

표 6-1은 투어에서 활동하는 특정 선수의 메타인지에 필요한 샷 미션 결과 데이터를 보여준다. 물론 비거리는 공기 밀도에 영향을 주는 고도와 온도, 습도에 따라 달라질 수 있고, 앞 바람과 뒤 바람에 따라 큰 차이가 있을 수 있다. 따라서 기준 거리 산출을 위한 온·습도, 고도 조건을 확인할 필요가 있다. 보통 볼의 탄도와 속도에 따라 바람의 영향을 받는 상태가 다르지만, 250야드 정도의 비거리를 갖는 드라이버 샷의 경우 초속 2미터의 바람은 10야드의 비거리 변화를 주는 것으로 알려져 있다. 또한 기온이 2도 오르면 비거리는 1야드씩 증가하므로 영하 5도의 겨울과 영상 30도의 여름에 비거리 차이는 약 18야드 정도의 차이가 있다고 알려져 있다. 또한 고도가 100미터 높아지면 약 1야드씩 비거리가 증가하는 것으로 알려져 있다.

표 6-1 선수의 클럽별 기본 거리 산출 1

xxx프로 클럽 기본 거리 통계(EM21-1)
Shot Metacognition check sheet EM 21-1/g, s

클럽 종류	측정 항목	1	2	3	4	5	6	7	8	9	10	11	보정 편차	평균 거리	기준 거리	Miss %	Budy %
58 (85y)	비거리(y)	81	87	84	83	79	84.4	84	81	81	84	83.5	-1	82.9	82	0	36.4
	좌우 편차	0	우 80cm	우 3y	우 50cm	79	좌 2y	우 3y	우 3.5y	좌 50cm	좌 30cm	우 3y	좌 2.5y				
	총거리(y)	81	87	84	83	우 1y	84.4	84	81	81	84	83.5		82.9			
52 (95y)	비거리(y)	96	94.5	98	99	79	94	96	98	93.5	98	100	0.3	96.4	97	0	54.5
	좌우 편차	30cm	30cm	좌 1y	좌 2y	93	우 4y	우 1.5y	0	0	우 3y	좌 1.5y	좌 1.8y				
	총거리(y)	96	94.5	98	99	116	94	96	98	93.5	98	100		96.4			
P (115y)	비거리	116	119	121	115	좌 1y	115	115	115	116	117	117	0.9	116.5	118	0	54.5
	좌우 편차	0	좌 4y	좌 1y	우 1y	116	우 2.5y	0	우 4y	좌 1y	좌 2y	우 4y	좌 1.0y				
	총거리	116	120	124	115	131	115	115	115	116	117	117		116.9			
9 (125y)	비거리	127	130	127	128	0	131	132	129	126	124	129	-0.67	128.5	128	27.3	36.4
	좌우 편차	우 7y	우 3y	좌 2y	우 5y	131	우 50cm	좌 2y	우 2y	우 4y	우 3y	우 5y	좌 3.0y				
	총거리	128	130	127	129	135.5	131	132	129	126	124	129		128.7			
8 (135y)	비거리	138	136	140	139		138	134.8	134.5	135	139	138	-0.39	137.1	137	0	27.3
	좌우 편차	우 4y	우 3y	좌 4y	좌 3y	우 1y	우 40cm	좌 2y	우 4y	좌 4y	좌 2y	좌 4y	NC				
	총거리	138	136	140	140	137	140	135.8	135	135	141	140		138.0			
7 (154y)	비거리	150	152	150	150	143	149	147	153	145	145	145	-0.04	148.1	148	54.5	27.3
	좌우 편차	우 1y	우 2y	우 3y	좌 50cm	우 2y	우 6y	우 5.5y	우 2y	좌 1y	우 5y	우 7y	좌 5.8y				
	총거리	152	154	152	152	146	150	151	154.5	147	147	146		150.1			

따라서 클럽별 기준 거리의 산출에 있어 샷을 하는 골프장의 기후, 고도 조건을 기억해야 하며, 투어가 연중 다른 환경 조건의 골프장에서 열리는 것을 고려하면 자신의 기준 거리를 경기장 환경에 따라 변환하여 생각할 필요가 있다. 기준 거리 산출에 필요한 미션을 수행하기 위해서 선수는 실제 시합 전에 충분한 워밍업을 해야 하며, 시합과 같은 컨디션이 되었다고 판단되면 각 클

럽별로 다음 절차에 따라 4일간 실시한 총 11번의 샷을 통해 본인의 클럽별 샷 기준 거리를 정확히 인지하기 위한 데이터를 얻으면 된다.

1. 우선 날씨와 습도를 확인한다. 처음 미션을 시작하는 때와 비교하여 기온이 5도 이상 차이나지 않는 시간대에 하며, 습도 변화도 20% 이상 나지 않아야 한다.

2. 각 클럽별로 총 11번의 샷을 4일간 나누어 실시한다. 2번은 오전에, 2번은 오후에 실시하기를 권한다. 실제 코스에서 그린의 핀을 향해 본인이 알고 있는 각 클럽별 기준 거리에서 샷을 하고, 착지 거리와 런 거리를 기록한다.

3. 4라운드 시합을 가정해서 4일 동안 각 클럽별로 3-3-3-2번의 샷을 수행한다. 같은 클럽의 반복되는 샷은 서로 다른 홀에서 그린의 핀을 향해서 실시하고 결과를 기록한다.

4. 모든 샷은 페어웨이와 그린의 높낮이 경사가 크지 않은 평탄한 홀을 택해서 실시한다.

5. 비거리에 영향을 주는 바람이 없는 조건에서 거리 측정기를 활용하여 본인이 알고 있는 기준 거리를 계측하고, 계측한 지점에서 긴 클럽부터 핀으로 샷을 한다(거리 측정기의 측정 오차를 고려하여 미션이 끝날 때까지 한 사람이 거리를 계측한다).

6. 모든 샷에서 정상적인 임팩트가 이루어지지 않았다면 한 번의 샷을 더한다.

7. 그린에 볼이 떨어진 디벗까지 거리와 런 거리를 표에 기록한다.

표 6-1의 클럽 종류에서 괄호 안의 거리는 선수가 지금까지 인지하고 있는 본인의 클럽별 기준 거리이다. 하지만 미션을 통해 얻은 데이터로부터 산출된 정확한 클럽별 기준 거리는 많은 차이를 보인다. 적게는 2야드에서 3야드까지의 편차가 있음을 알 수 있다. 3야드의 편차는 선수에게 있어서는 경기력 전반에 영향을 미치는 매우 큰 편차라고 할 수 있다. 주어진 데이터로부터 기준 거리를 산출하는 방법은 뒤에 설명하기로 한다. 이와 같은 절차를 통해 기준 거리를 산출하는 것보다 골프 스윙 측정기를 활용하여 비거리를 측정하는 것이 편하고 오차도 적을 것이라 생각할지 모른다. 하지만 실측에 의한 것보다 계측 장치가 주는 오차가 더 크다고 본다. 선수가 필드에서 핀을 보고 샷을 하게 되면 환경적 요인과 함께 시각적 요인에 의해 레인지에서 볼을 칠 때와 다른 결과를 줄 수 있다. 따라서 자신의 기준 거리는 반드시 필드에서 확인하고 산출할 것을 권한다.

특히 오랫동안 투어 생활을 하면서도 자신의 정확한 기준 거리를 검증하지 않고, 시합에서 얻은 경험적 거리를 중심으로 생각이 고정된 경우를 많이 보는데, 선수들이 표 6-1의 미션을 수행한다면 스스로 많은 것을 알게 될 것이다. 버디 성공률을 높이기 위해 평균적인 샷 편차를 1야드 줄이는 것은 너무도 중요한 것이며 이를 위해서는 자신의 기준 거리와 편차의 개념을 명확히 할 필요가 있다.

표 6-1에 대한 미션 결과의 해석을 위해 통계적으로 유의미한 해석과 검증을 필요로 한다. 하지만 여기서는 클럽별 기준 거리 산출을 위해서 선수들이 스스로 결과를 처리할 수 있는 간단한 분석 방법을 소개한다.

1. 각 클럽별로 미션 수행을 통해 얻은 11개의 거리 계측 자료에 대해 우선 가장 작은 값 2개와 큰 값 2개를 제외하고 나머지를 7개 값을 평균한다.
(비거리/총 거리에 대해) – **평균 거리**(y_{av})

2. 각 클럽별로 얻어진 11개의 데이터에 대해 1번에서 구한 평균 거리 값보다 큰 값들의 평균(y_H)과 작은 값들의 평균(y_L)을 각각 계산하고

3. **보정 편차** 값은 $E=(y_H-y_{av})+(y_L-y_{av})$와 같이 구한다.
실제 시합에서 적용하기 위한 선수의 클럽별 기준 거리 y_R은 위 3번에서 구한 보정 편차 값을 샷 평균 거리 값에 더하면 된다. 즉 $y_R = y_{av}+E$가 된다.

위의 계산 과정 중 3번 과정에서 구한 보정 편차는 (+) 혹은 (–)값을 갖게 될 것이다. 또한 런 거리는 그린의 상태에 따라 달라지므로 클럽별 샷의 기준 거리는 비거리에 대해서만 산출한다. 하지만 런 거리와 좌우 편차를 알고 있으면 향후 시합에 매우 유용하게 이용할 수 있다. 이 결과를 표 6–1에 계산해 두었다. 최종 계산된 기준 거리는 반올림하여 1야드 단위로 표시하였다. 표 6–1에서 기준 거리 결과를 보는 것과 같이 52도 웨지와 P 사이의 거리 간격이 21야드로서 97야드와 118야드 사이의 비교적 넓은 폭의 거리를 컨트롤해야 하므로 샷의 정확도를 높이는데 문제가 될 수 있다. 이 경우 58도, 52도 웨지를 58도와 54도 50도로 변경하여 클럽 간 거리 간격을 줄일 것을 권한다. 웨지 클럽이 추가되는 것은 하이브리드나 우드를 줄여야 하므로 경기에 따라 클럽의 빈도나 코스 상황을 보고 선택할 필요가 있다. 사실 좌우 편차 등을 고려한 전체 데이터를 보면 시합에 적용하는데 있어 몇 가지 중요한 사실 분석이 가능하다. 홀을 공략하는데 있어 어프로치 샷은 P아이언 거리를 남기는 것이 버디 확률이 가장 높으며, 웨지 샷은 핀 좌측 1y, 9번은 핀 좌

측 3y, 7번은 핀 좌측 5y 정도를 오조준하여 샷을 수행하는 것이 좋으며, 또한 표 6-1에서 기준 거리로부터 버디가 확실한 1야드 이내에 붙이는 샷의 빈도와 편차를 보면 P아이언이 52도 웨지보다 훨씬 좋다. 즉, 시합에서 어프로치를 위해 남겨야 하는 거리는 전략적으로 58도 웨지나 P의 거리에 맞추면 버디 확률을 높일 수 있음을 알 수 있다. 뿐만 아니라 9번, 7번 아이언의 실수 확률이 높은 반면 8번 아이언의 실수 확률이 적어 전략적으로 8번 아이언 거리에서 홀을 공략할 필요가 있다. 물론 이러한 과정은 메타인지의 한 부분으로 해석적인 접근을 통해 골프 경기력을 높이는데 많은 도움이 될 것이다. 시합에 이러한 정보를 활용하는 방법보다 훈련에서 보완을 하는데 활용하는 것이 바람직하다. 9번 아이언의 연습량이 많아야 하는 것은 당연하며, 웨지를 추가하고 변경하여 새로운 클럽에 대해 충분한 훈련을 해야 할 것이다.

메타인지를 통해 훈련의 방향과 목표가 명확해지고 미션의 결과를 기반으로 훈련의 성과 비교가 가능한 것이 목적 지향적인 훈련이라 할 수 있다. KPGA의 또 다른 선수의 클럽별 기준 거리 산출 결과를 표 6-2에 표시하였다. 표 6-2와 같은 미션 결과를 얻었다면 여러분은 어떤 조치와 훈련 목표를 세워야 할지 잠시 고민해 보기 바란다.

표 6-2 선수의 클럽별 기본 거리 산출 2

xxx프로 클럽별 기본 거리 통계(EM21-1)
Shot Metacognition check sheet EM 21-1/g, s

클럽 종류	측정 항목	1	2	3	4	5	6	7	8	9	10	11	보정 편차	평균 거리	기준 거리
58	비거리(m)	86	88	92	91.3	87	90	89	94	88	87	86	1.06	88.6	90
	좌우 편차	R2y	R1y	0	0	R1y	R3.5y	L2y	L2y	R1y	R1y	R2y			
	총거리(m)	86	88	91	91	87	90	89	93	88	87	86			
54	비거리(m)	106	98.5	99.5	102	96	98	94	103	98.5	96	106	1.0	99.4	100
	좌우 편차	L3.7y	L1y	R2y	R4y	R1y	L1y	L3y	0	L1y	R1y	L3.7y			
	총거리(m)	106	99	100	102	96	99	95	103	99	96	106			
P	비거리(m)	130	127	131	128	130	134.5	132	131	127	130	130	-0.55	130.0	130
	좌우 편차	R1y	R3y	L2.5y	0	R5.6y	L1y	R4y	R6y	R3y	R5.6y	R1y			
	총거리(m)	130	128	132	129	130	135	132	131	128	130	130			
9	비거리(m)	141	138	144	137	137	141	14	143	138	137	141	0	139.4	139
	좌우 편차	L4.3y	0	R6y	R3y	L3y	L6y	R0.5y	L2y	0	L3y	L4.3y			
	총거리(m)	143	139	145	137	137	142	143	145	139	137	143			
8	비거리(m)	151	146	149	154	148	147	151	152	146	148	151	0.5	149.3	150
	좌우 편차	R4y	R7y	L3y	R5y	0	R3y	L7y	0	R7y	9	R4y			
	총거리(m)	153	147	150	154	149	148	152	153	147	149	153			
7	비거리(m)	163	161	158	159	159	158	159	163	161	159	163	0.06	160.1	160
	좌우 편차	L4y	L6y	R3y	L8y	L6y	L4y	R1.5y	0	L6y	L6y	L4y			
	총거리(m)	165	164	160	160	160	160	159	160	165	164	160			

6-1-3 페어웨이 경사도에 따른 샷 거리 변화 인지

Tip 페어웨이 샷을 할 때 볼이 놓인 경사에 따라 샷의 거리가 달라진다. 이러한 경우는 매우 빈번하게 일어나는 상황이므로 샷 거리를 환산하는데 있어 경사도를 어떻게 반영할 지가 매우 중요한 경기력의 요소가 된다. 선수마다 구사하는 샷의 형태가 다르므로 같은 경사라도 동일한 양상을 보이지 않을 수 있다. 다음의 표 6-3은 페어웨이 경사도에 따른 샷 거리 편차를 확인하고 경기에 반영하기 위한 미션 결과를 보여 준다.

같은 조건에서 같은 스피드로 스윙이 이루어지고 어택 각AOA이 같아도 골프 역학적으로 공의 출발 각은 거리에 큰 영향을 미친다. 따라서 공이 놓여 있는 경사도에 따라서 공의 출발 각이 달라지므로 페어웨이에서 공이 놓인 경사도에 따라서 공략하고자 하는 핀까지의 거리에 경사 조건을 어떻게 반영해야 할지 고민스러울 수밖에 없을 것이다. 이러한 경사도가 모든 샷에서 일률적으로 거리의 증가 혹은 감소 경향을 보이지 않으며 동시에 선수마다 클럽마다 다르게 영향을 준다는 것을 이해해야 한다.

하지만 많은 선수가 내리막과 오르막의 경사도 상황을 보고 대략 한 클럽을 더 보아야 할지, 덜 보아야 할지에 대한 의사 결정에 있어 그동안 구축한 본인의 경험적 DB를 의심없이 적용한다. 여기서 자신이 구축한 경험적 DB는 타당한 것인지 확인해 볼 필요가 있다. 놀랍게도 오랫동안 선수 생활을 한 많은 프로가 이에 대해 타당하지 못한 경험적 DB를 머릿속에 구축하고 있거나, 확신없는 샷을 구사한다는 것이다.

표 6-3 페어 경사도에 따른 샷 거리 변화

	Level 1		Level 2		Level 3		Level 4		Level 5	
	D	U	D	U	D	U	D	U	D	U
P(115)										
9(125)	120	122	117	11	116	112	117	102	108	102
8(140)										
7(150)	132	152	125	157	130	150	125	145	119	140
6(160)										
5(170)	140	152	145	163	154	160				

D : Down_hill
U : Up_hill

경사면에서의 샷거리 변화를 확인하기 위한 미션에서 페어웨이의 경사도를 크게 Level 1~4까지 4단계로 구분한다. 물론 오르막과 내리막의 경사 정도를 각각 4단계로 구분하며 경사도가 15도 미만에서는 거리에 큰 편차를 보이지 않으므로 10~20도 사이의 경사를 Level 1, 20~30도 사이를 Level 2, 30~40도 사이를 Level 3, 40~45도 사이를 Level 4로 정의한다. 경사도 미션은 샷 기본 거리 미션을 수행한 후에 하는 것이 바람직하다. 그래야 클럽별로 경사도 변화에 따른 정확한 거리 변화를 확인하고 보완하기 위한 기준을 만들 수 있게 된다. 미션은 정해진 경사도 레벨에서 그린을 향해 동일한 5번의 샷을 하고 샷한 결과로부터 편차가 큰 3개를 버리고 나머지 2개의 평균 거리를 샷 거리로 한다.

표 6-3은 KLPGA 특정 선수의 클럽별 경사도 샷 미션 결과를 보여준다. 표에서 보는 바와 같이 클럽에 따라서 기준 거리와의 편차가 매우 크게 나타남을 알 수 있고, 거리가 규칙성 있게 선형적으로 증가, 감소하지 않음을 알 수 있다. 하지만 일반적으로 경사도 level 1, 2에서의 샷은 기준 거리와 큰 차이를 보이지 않을 수 있으며, 숏 아이언의 경우 내리막 경사에서 샷 거리가 늘어나고, 롱 아이언의 경우는 오르막 경사에서 샷 거리가 늘어나는 것을 알 수 있다. 물론 이러한

규칙성은 경사도 레벨이 어드레스와 샷에 어려움을 주는 극단적인 경사도에는 적용되지 않는다.

표 6-3에서 보여주는 결과는 보편적인 탄도 역학의 일반성에서 많이 벗어나는 케이스이며, 특히 내리막에서의 샷 일관성이 안정되지 못했음을 보여 준다. 아무리 샷에 대한 연습이 많이 된 선수라 해도 볼이 놓인 조건에 따라 정상적인 샷에 영향을 많이 받을 수도 있고, 볼이 놓인 조건에 따라 상대적으로 영향을 받는 정도는 선수마다 다르므로 동일한 패턴의 결과를 기대할 수 없을 것이다.

문제는 선수 스스로가 경기력에 도움을 얻기 위해서는 어떤 경사도에 따라 정해진 클럽이 기준 거리에 비해 얼마의 거리 편차를 갖는지를 정확하게 인지하는 것이다. 선수마다 본인의 샷 편차를 이해하고 핀까지의 거리 산정을 반영하여 경사도의 영향을 보다 정확히 계산한 샷을 할 수 있어야 한다. 이러한 샷 미션을 통해 볼이 놓인 조건에 따라 선수의 스윙에 대한 밸런스와 볼 컨택의 용이한 정도를 확인하고 부족한 부분을 반복적으로 훈련해야 한다. 이를 위해서 표 6-3을 이용한 미션을 수행하는 것은 경기력 향상에 매우 큰 도움이 될 것이다.

▲ 볼의 출발 각을 결정하는 높낮이 경사도는 핀까지 공략을 위한 거리를 계산하는데 많은 영향을 주는 중요 경기력 요소이다. 경사면에서의 샷 거리는 선수의 스윙 스타일과 클럽에 따라서 다르며, 선형적으로 증가·감소하지 않는다.

6-1-4 90야드 이내 거리 어프로치 훈련

Tip 90야드 이내 거리에서의 정확도는 전체 경기력에 적지 않은 영향을 주는 골프 기술적 능력의 요소이다. 이 구간에서 실수가 많은 거리를 찾고 판단할 수 있는 목적 지향적인 어프로치 평가 훈련 방법을 소개한다. 90야드 이내의 거리에서 PGA 중상위권 선수의 샷 결과는 핀을 중심으로 평균 편차가 5야드 이내에 들어간다. 이 거리에서의 어프로치 훈련은 시합에서의 긴장과 부담감이 없는 것을 감안하여 수행한 전체 샷 결과의 편차 평균 4야드를 80점이 되도록 기준을 설정하고, 표 6-4와 같이 미션 결과를 평가하는 엑셀표를 만들어 훈련에 활용해 보기 바란다. 전체 결과가 80점에 미달하면 지속적으로 샷 미션을 계속하며 훈련을 진행한다. 각 기준 거리 M으로부터 거리 간격 n(3, 4, 5)을 반영하여 또 다른 샷 거리를 결정하고 테이블이 완성될 때까지 미션을 계속 수행하도록 설계되어 있다.

2017년도 50~125야드 거리에서 Justin Thomas의 평균 핀 근접 거리는 5.03야드로 이 부분 1위에 속한다. 하지만 PGA 투어의 대부분 선수가 6야드 이내의 거리 편차 내에 있으며, 이 부분 상위 20명은 0.2야드 내의 편차를 나타낸다. 특히 Justin Thomas는 이 거리에서 핀 근접도는 1위지만 언더파 기록 확률은 25%로 4번의 시도에서 1번 버디를 했다는 말이 된다. 이러한 PGA 투어의 경기력 통계는 목적 지향적인 훈련에서 수행 목표를 설정하는데 중요한 역할을 한다.

위에서 설명한 PGA 상위권 선수의 경기 통계를 반영하여 수행 미션의 성공 여부를 평가하기 위한 기준 산출식은 간단하다. 각 미션 샷의 결과 핀으로부터 발생한 편차를 모두 합하여 100에서 빼면되고, 단지 어프로치 샷이 핀 2야드 이내에 근접하는 경우에는 가점을, 4야드를 벗어나면 감점을 주는 방식으로 정하면 된다. 훈련의 강도를 높이려면 가점과 감점의 비율을 조정하면 된다. 샷의 결과를 점수화해서 훈련의 집중력을 높이고 자신과 경쟁 선수 간에 상대적인 수준을 인지하여 설정한 목표에 대한 미션을 진행하다 보면 시합과 같은 긴장감이 생기기도 할 것이다. 평가의 기준이 명확하므로 미션을 성공하면 자신의 경기력이 향상되어 간다는 자신감을 얻게 될 것이다. 5장에서 설명했듯이 목적 지향적인 훈련에 있어 경쟁자의 수준과 직접 비교가 가능하도록 상대적 평가 기준을 통해 목표를 설정해야 한다는 것을 기억하기 바란다.

표 6-4 90야드 이내 어프로치 샷 훈련 미션

평가 부문	Technical Power			세부 부문	Approch shot					
기준 거리(M)−n*i		M	M−n*1	M−n*2	M−n*3	M−n*4	M−n*5	2y 이내	4y 이상	점수
90y	n									100
90y	n									100
85y	n									100
80y	n									100
75y	n									100
70	n									100
65y	n									100
							점수 소계	100		

1. 핀으로부터 기준 거리에서 n을 3, 4, 5 중 하나를 선택하여 기준 거리로부터 산출된 거리에서 어프로치 미션 수행
2. 미션은 그린 상태를 파악하여 실제 시합처럼 긴장하고 수행(바람, 그린 상태, 백 스핀 등 고려)
3. 우선 미션 거리부터 샷을 하고, n=4인 경우 기준 거리에서 4야드씩 거리를 줄여가며 5번 더 샷을 함
4. 하나의 기준 거리에 대해 총 6번 샷을 하고, 파란색 해당 거리 칸에 결과를 기록(오직 핀에서 볼의 거리만 기록)
5. 샷의 결과 기록은 숫자만 입력함. **그린에 못 올린 것은 10으로 입력**. 숫자 입력하면 자동으로 점수가 산정됨
6. 전체 **점수 소계가 80점이면 미션 성공**. 각 기준 거리 점수가 80미만인 기준 거리에 대해서 미션 반복 수행
7. 미션 결과 4y 이내 낮은 거리는 해당 거리에 대해 집중적으로 SRT할 것

표 6-5 선수 B의 미션 수행 결과

기준 거리(M)-n*i		M	M-n*1	M-n*2	M-n*3	M-n*4	M-n*5	2y 이내	4y 이상	점수
95y	n	1	2.5	6	3	2	4	3	1	87
90y	n	2	5	4	6	5	3	1	3	69
85y	n	2	5	4	6	5	3	1	3	69
80y	n	4	3	5	5.5	3	3	0	2	72
75y	n	10	2	5	3	4	4	1	5	71
70y	n	4	4	4	4	4	4	0	0	80
65y	n	2	3	2	2	2	3	6	0	100
							점수 소계	80		

표 6-5는 65~95야드 사이에 있는 기준 거리에서 샷을 수행한 결과로써 2야드 이내의 결과에 대한 가점을 3으로 하고, 4야드 이상에 대한 감점을 3으로 동일하게 설정했을 때의 결과이다. 보다 훈련의 강도를 높이려면 감점의 비율을 높이거나 가점의 비율을 낮추면 된다. 각 거리에서 총 36번의 어프로치 미션 샷을 수행한 전체 점수가 기준 점수 80점을 넘었으므로 미션은 성공적이다. 하지만 기준 거리 85y, 80y, 75y에서 시작하는 것은 기준 점수에 미달하므로 이 거리에 대한 훈련은 지속할 필요가 있다.

어프로치 미션을 통해 얻은 표 6-5의 데이터로부터 몇 가지 중요한 메타인지와 함께 새로운 훈련 목표의 수립이 가능하다.

표 6-6 미션 결과 분석

ex) n=4인 경우 미션 거리 산출 예시 (49y에서 86y까지 10야드 단위로 총 34번의 샷과 45, 90y를 포함 총 36번 샷을 하게 됨)										
기준 거리(M)-n*i		M	M-n*1	M-n*2	M-n*3	M-n*4	M-n*5	2y 이내	4y 이상	점수
90y	-4	90	86	82	78	74	70			
85y	-4	85	81	77	73	69	65			
80y	-4	80	76	72	68	64	60			
75y	-4	75	71	67	63	59	55			
70y	-4	70	66	62	58	54	50			
65y	-4	65	61	57	53	49	45			
							점수 소계			

표 6-6은 앞에 평가 미션 표 6-4에서 주어진 미션 수행의 기준 거리 조건을 n=4인 경우에 대해 환산하여 나타내었고, 표 6-5의 미션 결과 중 4야드 이상의 편차를 갖는 결과를 해당 미션 거리 위에 붉은색으로 나타내었다. 즉, 핀으로부터 전체 45~90y 사이의 미션 거리 영역 중, 특히 66~70y 구간에서 거리 편차가 평균 4야드를 벗어나는 것을 알 수 있다. 이것은 66~70y 거리에 대한 샷의 정확도가 떨어지는 골프 기술적 능력을 확인한 것이며, 동시에 이 거리에 대해 정확도를 높여야 한다는 새로운 수행 목표를 얻은 것이 된다. 선수는 이 거리에서의 자기주도 교정 훈련SRT 과정이 필요하고 반복적으로 연습하여 보완할 필요가 있으며, 이 거리에 대한 정확도가 높아진다면 전체적으로 더 좋은 경기력을 만들 수 있을 것이다.

샷에 대한 스윙의 교정은 문제를 찾게 되면 훈련을 통해 보완하고 결과 확인이 가능한 것에 비해, 퍼팅은 많은 연습량에도 불구하고 퍼팅 능력의 변화를 확인하기가 어렵다. 어느 정도 일관성 있는 퍼팅 스트로크가 가능한 퍼팅 능력은 그린의 빠르기와 높낮이에 맞도록 볼의 속도를 결정하는 힘 F의 섬세한 제어 능력과 그린의 경사도와 잔디의 결을 판단하여 볼을 보낼 방향 θ를 결정하는 능력에 있다. 볼을 보낼 방향이 결정되면 관건은 볼의 속도이다. 선수마다의 경험적 퍼팅 DB에 의존한 F와 θ의 조합이 다를 수 있으므로 방향과 볼을 보내는 속도가 다를 수 있으며, 이는 평지에서 속도를 맞추기 위한 F의 제어 감각보다는 오르막, 내리막에서의 속도를 제어하기 위해 훨씬 섬세한 감각을 필요로 한다.

퍼팅에서 속도를 맞추기 위해 볼을 임팩트하는 F조절 능력은 반복적인 많은 연습만 가지고는 향상된다고 볼 수 없다. 경기장마다, 홀마다 그린의 스피드가 일정하지 않을 뿐 아니라 그린의 높낮이에 따라서 비선형적으로 스피드가 달라지기 때문에, 반복적인 연습을 통해 확립한 기술적 능력은 환경이 다른 시합 그린에 맞도록 감각을 적응시키지 못하면 좋은 결과를 기대하기 어려울 것이다.

따라서 가장 좋은 훈련은 퍼팅의 감각을 느끼는 것이다. 여기서 퍼팅의 감각이라 함은 시각적으로 그린의 상태를 인지하고 인지 결과를 토대로 퍼팅 임팩트의 힘을 제어하여 원하는 볼의 스피드를 얻는 능력을 말한다. 그러면 퍼팅의 감각을 어떻게 하면 쉽게 느끼고 훈련할 수 있을까? 미소의 힘 제어가 용이하도록 손에 감각을 불어넣는 일은 쉽지 않은 일이지만 그렇다고 불가능한 것은 아니다. 다음에서 설명할 퍼팅 감각 훈련은 꾸준한 연습을 통해 성과를 확인할 수 있을 것이다.

6-1-5 퍼팅 감각 훈련 1

Tip 사람의 손 감각은 하루 중 아침에 자리에서 일어났을 때가 가장 둔하다. 이때 스트로크를 하면서 손의 감각을 빨리 적응시키는 훈련을 하는 것이 하루 중 손의 감각을 느껴가는데 있어 매우 좋은 훈련 타이밍이다. 이를 위해 아침에 일어나면 다른 활동을 하기 전에 5야드 정도의 퍼팅 매트에서 1야드 단위로 5개의 볼을 나란하게 배열시키는 스트로크를 한다. 5개의 볼이 위치한 각각의 편차가 10cm 이내에 들어가면 아침 스트로크를 마친다. 또한 취침 전에 매트에서 임팩트 시 진동을 느끼는 훈련을 함께 한다. 하루를 마감하며 다양한 감각이 활성화되어 있는 상황에서 취침 전에 퍼팅 임팩트를 느끼는 훈련은 퍼팅 감각을 높이는 데 도움이 된다.

손은 혈관과 신경이 매우 복잡하게 얽혀있는 고도의 감각센서이다. 손은 8개의 손목뼈와 5개의 손허리뼈, 그리고 손가락 뼈로 구성되어 있다. 손 근육은 크게 엄지손가락 움직임을 담당하는 모지근, 새끼손가락 움직임을 담당하는 소지근, 손가락을 벌리거나 모으는 운동을 담당하는 중수근으로 나뉜다. 인대와 힘줄 등 매우 정교하고 섬세한 운동을 할 수 있도록 구성된 손의 감각은 뇌의 섬세한 명령을 수행하는데 있어 가장 훌륭한 신체 부위이다. 이들 뼈와 근육의 움직임은 신체의 다른 기관처럼 훈련을 통해 특정한 기능을 더욱 잘 할 수 있도록 학습시키는 것이 가능하다. 하지만 퍼팅에 있어서는 시각적으로 그린의 상태를 인지하고 뇌에서 결정한 스트로크를 수행하도록 요구되는 팔의 움직임이 손에서 느끼는 퍼터의 감각과 결합되어 있으므로 퍼터의 무게와 길이, 형상 등이 선수의 신체적 특징과 시각적인 느낌에 많은 영향을 미친다. 따라서 손의 감각을 잘 느끼기 위해서는 퍼터의 시각적 형태와 무게, 길이 등에 대해 최선의 선택을 해야 한다.

6-1-6 퍼팅 감각 훈련 2

Tip 퍼팅의 감각은 선수가 사용하는 퍼터 무게감과 헤드를 통해 전달되는 고유 진동을 손의 감각으로부터 느끼는 데서 시작한다. 우선 눈을 감고 하는 감각 훈련을 소개한다. 5개의 볼을 준비하고 그린의 평지에서 눈을 감고 첫 번째 볼을 10야드 정도의 목표로 스트로크를 한다. 이때 중요한 것은 눈을 감은 상태에서 10야드 거리를 목표로 하는 첫 번째 스트로크에 집중하며 손의 F를 기억해야 한다. 이어 2번째 볼을 처음 스트로크의 4/5의 힘으로 스트로크하고, 다음에는 3/5, 2/5, 1/5 순으로 스트로크를 마치고 눈을 뜬다. 퍼팅 결과가 정확히 처음 스트로크했던 볼과 일정한 간격으로 10야드 거리를 오차가 없이 5등분했으면 훌륭한 결과이다.

퍼팅 감각 훈련 2의 감각 훈련을 마치고 눈을 뜬 상태에서 똑같이 5개의 볼을 가지고 퍼팅 스트로크를 하면 힘 조절이 보다 용이하다는 것을 느낄 수 있을 것이다. 퍼팅의 감각을 훈련하는데는 오랜 시간이 걸린다는 것을 알고 인내하며 꾸준히 연습을 해야 한다. 설령 감각이 좋아졌다 해도 기뻐할 것은 아니다. 감각이 좋은 상태로 언제나 유지될 수 있다는 보장이 없기 때문이다. 퍼팅의 감각은 오랜 연습을 통해 몸에 익힌 스윙과는 다르다. 감각이 좋고 나쁨에는 선천적 요인도 있으나, 18홀 경기 중에도 집중력에 변화가 생기면 바로 감각을 잃을 수 있으며, 순간 좋아지기도 한다.

▲ 퍼팅 감각을 훈련하는 것은 오랜 시간이 걸리며 긴 인내를 필요로 한다. 순간 집중력의 변화는 18홀 경기 중에도 퍼팅의 감각을 잃어버리게 한다. 퍼팅의 감은 손끝에서 느끼는 것이 아니라 뇌에서 느끼는 것을 손으로 전달하는 과정이다.

그럼에도 감각에 대한 훈련을 계속해야 하는 이유는 퍼팅의 감각은 손끝에서 느끼는 것이 아니라 뇌에서 느끼는 것을 손으로 전달하는 과정이기 때문이다. 퍼팅 감각에 대한 많은 경험적인 DB를 뇌에 구축하고 시각적으로 받아들이는 그린의 스피드와 손이 작동하는 힘을 매칭시키는 훈련이 필요한 것이다.

6-2 집중력 훈련과 이미지 연습

2장에서 설명한 촛불 명상 훈련이 어느 정도 진행되어 집중 시 골프공의 딤플을 이미지로 명확히 볼 수 있는 것이 가능하다면 이미지 스윙 훈련을 시작하기 위한 준비가 된 것이다. 우선 이미지 스윙 훈련을 진행하기에 앞서 실제 라운드에서 샷을 할 때의 루틴 시간과 총 샷에 걸리는 시간을 측정해서 정확히 알아야 한다. 예를 들어, 실제 드라이버 샷을 하는데 있어 티를 꽂은 다음부터 샷을 끝낼 때까지 소요 시간이 30초가 걸렸다면 이미지 스윙을 진행했을 때 측정한 시간의 편차가 실제 스윙에서 걸리는 시간을 기준으로 1초 이상 차이를 보여서는 안 된다. 만일 1초 이내로 이미지 스윙이 가능하다면 비로소 집중력 훈련을 통한 이미지 스윙 훈련을 진행할 준비가 된 것이다. 여기서 이미지 훈련의 효과를 위해서는 눈을 감고 집중하는 것이 아니고 반드시 눈을 뜨고 이미지 훈련을 수행해야 한다는 것이다.

▲ 효과적인 이미지 훈련을 위해서는 어드레스 셋업부터 샷을 할 때까지 걸리는 이미지 스윙의 시간이 실제 스윙에서 걸리는 시간과 차이가 없어야 한다. 이를 위해서는 우선 고도의 집중력 훈련이 선행되어야 한다.

골프 경기에 효과적인 훈련이 되기 위해서는 눈을 뜨고 집중할 수 있어야 한다. 눈을 뜨고 골프공의 이미지를 어디에든 띄우는 일은 눈을 감고 집중하는 것보다 훨씬 어렵다. 하지만 골프는 눈을 뜨고 하는 경기인 만큼 눈을 감고 집중을 하는 훈련보다는 눈을 뜨고 집중하는 훈련을 권장한다. 물론 어느 수준 이상의 집중력을 갖기 전까지는 눈 뜨고 집중하는 것이 어려울 것이므로 처음에는 눈을 감고 이미지 훈련을 시작해도 된다. 만일 이렇게 눈을 뜨고 골프공을 특정한 곳에 띄우고 이미지 스윙이 될 수 있다는 가정하에 다음의 몇 가지 훈련 방식을 활용해 보기 바란다.

6-2-1 이미지 라운드

Tip 다음 대회가 예정된 코스를 참조하여 1번 홀의 이미지를 그린다(이때 코스가 떠오르지 않으면 인터넷 등을 통해 실제의 코스를 보면서 해도 무방하다). 물론 대부분의 투어 선수는 본인이 시합해 온 코스를 상상해서 이미지를 그리는 것이 어렵지 않을 것이다. 코스 이미지를 그릴 수 있으면, 실제 라운드를 하는 것과 똑같이 갤러리를 상상하고 동반 라운드 하는 플레이어를 설정하고 1번 홀부터 경기를 시작하면 된다. 티를 꽂고 루틴을 통해 샷을 하고 임팩트 시까지 본인의 스윙을 느끼면서 스윙을 하면 된다. 여기서 중요한 것은 임팩트 시 볼이 날아가는 궤적을 놓치지 않고 따라갈 수 있도록 집중해야 한다. 임팩트의 느낌이 좋다면 본인의 비거리를 확인하고 남은 거리를 산정하여 클럽을 바꾸어 세컨드 샷을 준비한다. 이때 다음 샷을 위해서 이동하는 것은 이미지에 넣지 않는다. 바로 세컨드 샷 위치에서 공략할 포인트를 향해 에이밍하고 루틴을 진행하며 실제와 같은 이미지 샷을 구사하면 된다.

위에서 설명한 이미지 라운드를 통해 18홀을 경기하면 약 45~60분 정도가 걸리면 정상이다. 제대로 연습을 수행한다면 실제 라운드 한 만큼 힘이 들 수도 있다. 이러한 이미지 라운드는 집중력 훈련을 동시에 하는 것이며, 앞에서 설명한 대로 어둡지 않은 곳에서 눈을 감지 않고 수행하는 것이 효과적이다. 하지만 충분한 이미지 집중 훈련이 되어 있지 않으면 눈을 뜬 상태에서 골프공 이미지를 띄우는 것이 어려우므로 훈련이 되기 전까지는 눈을 감고 진행한다. 집중력 훈련을 수행한 선수 가운데 1주일 만에 눈을 뜬 상태에서 볼 이미지를 띄우고 스윙이 가능한 선수도 있다. 물론 더 오랜 기간이 걸리는 선수도 있지만 이는 개인의 차이로서 매일 반복적인 이미지 트레이닝을 하는 것이 바람직하다. 이미지 훈련이 어느 정도 된다면 이제 레인지에서 실전과 똑같은 연습을 할 차례이다.

6-2-2 레인지 이미지 훈련

▲ 오전에 레인지에서 이미지를 통해 그려진 코스에서 샷을 하며 스코어를 카운드한 결과는 오후에 실제 라운드에서 얻은 스코어와 큰 차이가 없을 확률이 높다.

Tip 드라이버 레인지에서 볼을 치면서 실제의 라운드를 수행하는 이미지 훈련이다. 이것은 이미지 집중력을 잘 활용하여 훈련의 효과를 극대화할 수 있는 좋은 훈련 방법이라 생각한다. 레인지에서 실제 시합할 코스를 그리고 1번 홀부터 실제 티샷, 세컨드 샷을 하는 것이다. 퍼팅을 제외한 나머지 모든 샷을 수행하면서 샷의 임팩트가 이루어지는 느낌과 볼이 실제 가는 방향 및 거리를 보고 스코어를 예측해 볼 수 있다. 물론 레인지에서 드라이버 샷 결과로부터 핀까지 거리를 산정하고, 실제 해당 클럽을 레인지의 바람 조건을 모두 반영하여 결정하고 거리 측정기를 활용해 설정한 목표점에 핀이 있다고 가정하고 핀이 꽂혀 있는 그린 이미지를 떠올리면 된다. 세컨드 샷 결과로부터 퍼팅결과도 예측이 가능할 것이다. 놀라운 것은 그날 이미지 라운드를 통해 산출한 결과 스코어와 실제 코스에서 선수가 기록한 스코어가 큰 차이를 보이지 않는다는 것이다. 이 훈련에는 36개의 볼을 가지고 샷을 하면 된다.

경기의 코스 이미지를 레인지에 결합하여 실전과 같이 수행하는 연습 방법은 선수가 경기를 하기 전에 워밍업 루틴으로 활용하는 것도 매우 좋을 것이다. 이 이미지 미션을 하면서 샷이 잘못된 경우 다시 샷을 하지 않는 것이 좋다. 일단 정해진 홀의 이미지 라운드를 마치고, 마음에 들지 않았던 클럽에 대해서 점검할 것을 권한다.

6-2-3 경기 중 이미지 훈련

Tip 경기 중에 훈련을 한다는 말이 이상하게 들릴지 모르겠지만 가능하다. 집중력 훈련을 어느 정도 수행했다면 경기 중에도 이미지 샷을 통한 연습이 가능하다. 라운드 하는 동안에 동반자가 샷을 하는 사이에 자신의 볼의 위치에서 사전 이미지 샷을 하는 것은 실제 샷의 스윙 리듬과 템포를 지켜주는데 있어 유용한 방법이다.

실제 내가 지도하는 선수는 시합 중에 이미지 스윙을 하도록 독려한다. 첫 드라이버 샷을 할 때는 긴장되기 마련이다. 만일 앞에서 이미지 스윙 훈련이 제대로 되었다면, 이미지 스윙이 실제 스윙과 1초 이내의 차이를 갖기 때문에 실제 스윙을 하기 전에 이미지로 스윙을 먼저 하게 되면 템포가 빨라지는 것을 막을 뿐만 아니라 본인의 리듬으로 스윙을 하는데 큰 도움이 될 것이다. 경기 중에 매 샷에 대해서 이러한 이미지 스윙을 하기는 어렵다. 집중을 하게 되면 많은 체력의 소모를 동반하여 금방 피곤해질 수 있기 때문이다. 따라서 중요한 샷이나 긴장이 고조되는 순간에 이미지 훈련을 하고 실제 샷을 하는 것은 경기력 향상에 적지 않은 도움이 될 수 있다. 이러한 이미지 스윙은 실제 스윙의 리듬과 템포를 체크하고 유지시키는데 매우 유용하다.

6-3 내적 능력Inner Power을 높이기 위한 훈련

▲ 가장 강한 멘탈은 우승을 하겠다고 불태우는 투지나 오늘 5언더를 치겠다는 목표의식이 아니라 시합의 티샷에서부터 18홀 마지막 퍼팅까지 오직 지금하는 샷의 목표를 달성할 수 있도록 자신의 집중력을 끝까지 잃지 않는 것이다.

앞에서 골프의 내적 능력에 대한 요인으로 집중력, 자신감, 긴장도를 들었다. 골프에서 내적 능력은 기술적 능력 못지않게 중요하다. 특히 집중력은 골프 선수가 좋은 결과를 만들기 위해 그 어떤 요소보다 중요한 요인이다. 저자가 인연이 되어 훈련시킨 두 명의 선수는 내적 훈련의 중요성을 단적으로 알 수 있는 좋은 예이다. 저자가 골프 지도자로 입문하게 된 동기가 된 선수의 경우는 정회원 선발 시합을 앞두고 만난 케이스이다.

저자의 연구실에서 집중력에 관한 뇌 활동 변화를 규명하기 위한 뇌파 계측 연구가 한참 진행 중이던 때에 선수의 아버지가 찾아온 것이다. 선수의 아버지는 골프에 있어 집중력의 중요성을 누구보다 잘 알고 있었던 듯하다.

이 선수는 어린 시절부터 시합이 예정되어 있는 코스에서 오랫동안 연습을 해왔지만 한 번도 이븐파를 기록해 본 적이 없었다고 한다. 시합을 1주일 앞둔 상태에서 선수를 명상과 집중력 훈련 등 내적 훈련만을 지도했을 뿐인데, 시합 전 일주일간 연습장에서 클럽을 잡지 않고도 내적 훈련을 통해 정회원 선발전 2라운드 동안 7언더로 전체 1위를 기록했다. 또 다른 선수의 경우는 그간 국내 대회 참가에서 이렇다 할 성적을 만들지 못했지만, 역시 1주일간 내적 훈련에만 집중했고, 연습을 위해 클럽을 잡아보지 못한 상태에서 국내 초청경기에 참가해 준우승을 했다. 이렇듯 내적 능력에 대한 훈련은 골프에서 기술적 능력 못지 않게 중요하다고 할 수 있다. 두 선수 모두는 공통적으로 내적 훈련을 통해 자신감을 얻었다고 말한다. 하지만 일시적으로 좋아진 내적 능력은 상황에 따라서 변하며 오랜 지속력을 갖는다고는 볼 수 없다. 따라서 훈련의 지속성이 필요하다.

아직 이러한 내적 능력을 키우기 위한 체계화된 훈련 방법이 제대로 알려진 것이 없는 게 현실이며, 훈련 프로그램 또한 없다. 물론 멘탈 코치가 심리적 긴장감을 줄이거나 자신감을 북돋는데 도움을 줄 수 있지만 집중력을 키우는 프로그램을 제공하지는 않는다. 더구나 골프 선수에게 필요한 일반화된 집중력 향상 프로그램은 거의 없을 뿐 아니라 경기력에 도움이 되는 집중력의 형태가 무엇인지도 확실하게 규명된 것은 없다. 그럼 골프에 필요한 집중력의 형태는 어떤 것이며 적합한 훈련 방법은 없을까?

우선 집중력 형태를 구분하면 집중력 유지 시간과 유지 능력에 따라 순간 집중력과 구간 연속 집중력으로 분류하거나, 집중력 발휘 형태에 따라 수리 집중력, 인지 집중력, 분산 처리 집중력, 추론 집중력 등 다양한 응용 능력을 중심으로 나눌 수 있다. 이들 중 일반인보다 골프 선수들이 높은 집중력을 발휘하는 부분은 인지 집중력이다. 인지 집중력의 발휘 능력은 골퍼에게 매우 중요한 것이다. 특히 공간 인지와 상황 인지 능력은 경기력과 매우 밀접한 관계가 있다고 본다. 골프 선수의 상황 인지 집중 능력이 일반인보다 다소 높은 이유는 경기를 통해 코스의 위험 요소와 기회 요소를 확인하고, 그린의 상황에 대한 판단 등 선수 생활을 하면서 자연스럽게 상황 인지에 대한 훈련을 계속해 왔기 때문일 것이다.

그러면 집중력이 좋다는 것을 어떻게 평가할 수 있을까?

우선 집중력은 훈련에 의해서 향상될 수 있음을 이야기하고 싶다. 뇌는 인체에서 흡수한 에너지를 가장 많이 소비하는 신체 부위이다. 더불어 다른 신체 기관과 달리 자극을 주고 활성화를 자주 시킬수록 뇌 기능은 점점 더 활발해지고 발달되어 간다. 그렇다고 계속 자극만 주게 되면 피곤함에 역효과가 날 수 있다. 뇌 기능이 잘 발휘되기 위해서는 적절한 뇌의 휴식과 건강한 수면을 동반해야 한다. 집중력은 기억력과 창의성을 발휘하는데 있어 근간이 되는 매우 중요한 요소로 선천적인 능력과 후천적 교육 환경에서 얻어진 능력이 결합되어 나타난다고 볼 수 있다. 외부의 특정한 자극에 대한 뇌 활동 계측 결과들로부터 사람마다 순간 집중력과 구간 집중력이 다르며, 최대 몰입 정도와 몰입 유지 시간, 효율적인 집중력의 활용 능력이 다르게 나타남을 알 수 있다. 또한 집중력은 수면 등 체력적인 상황, 소음 등 환경적인 상황에 영향을 받게 되는데 이러한 영향을 받는 정도는 사람마다 다르다. 물론 이들 집중력을 여하히 효율적으로 사용하는가 여부도 사람마다 다를 수 있다. 이들 집중력과 관련한 능력은 최고의 골프 선수가 되기 위해 필수적으로 갖추어야 하는 매우 중요한 골프 경기력의 핵심 요소들이다. 하지만 기존에 연구된 자료 중에 인간의 집중력 정도를 종합적으로 정확히 판단하는 과학적인 근거를 제시한 연구가 드물며, 인간의 집중력 정도를 종합적으로 구분할 수 있는 명쾌한 평가 방법이 확인되지 않은 것이 사실이다. 집중력의 평가 방법이 확실해야 훈련 방법이 정립될 수 있으며, 훈련의 성과 확인이 가능하므로 집중력 평가와 훈련에 적합한 기준을 만드는 일이 중요할 것이다. 4장에서 설명한 선수의 골프 경기력에 대한 메타인지 과정에서 선수가 가진 집중력에 대한 메타인지 프로그램이 있어야 한다.

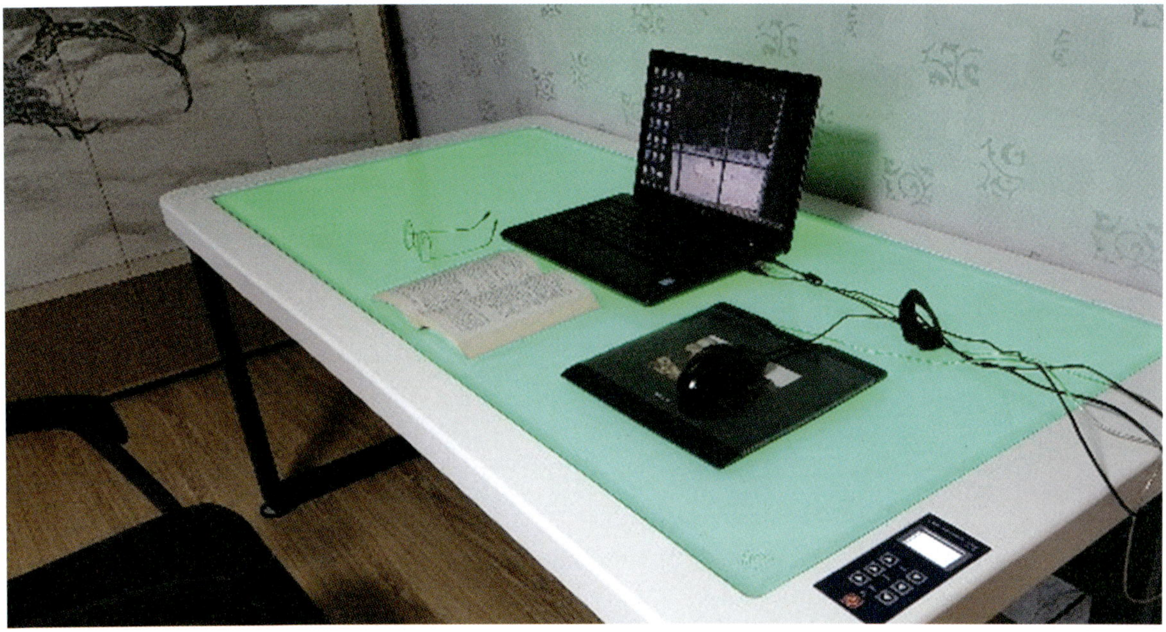

▲ 집중력 강화를 위해 색조명 테이블은 명상, 독서 등 다양한 집중력 강화 훈련을 위한 좋은 도구로 사용될 수 있다. 이 경우 색 감성 정보 척도 검사를 통해 본인의 집중력 강화 컬러를 알아야 한다.

2013년에 발표된 논문 'Interpretation and Modeling of Change Patterns of Concentration Based on EEG Signals'와 2014년에 발표된 논문 'Suggestion of a New Brain Reaction Index for the EEG Signal Identification and Analysis'는 집중력을 필요로 하는 사고 인지 자극에 대한 뇌 반응 계측을 통해 뇌 활성화 정도를 정량적으로 표현하는 것이 가능함을 설명하고 있다. 이는 눈을 감고 심신이 안정화된 상황에서 1~100까지 수를 세면서 측정한 기준 뇌파와 비교하여 알파파와 미드베타파, 그리고 세타파의 분포 변화로부터 집중의 정도를 정량화하는 방법이다.

이러한 집중 지표는 학업 성취도가 높은 학생, 지능 지수가 낮은 학생, 운동선수 등 다양한 계층의 실험을 통해서, 유의미한 평가 지표로 활용이 가능한지의 여부를 검증하기 위한 연구가 오랫동안 진행되어오고 있다. 이러한 연구 결과는 최근 골프 선수의 집중력과 좌·우뇌 활성화 정도를 파악하고 이 결과를 토대로 적합한 연습 방식을 결정하는데 활용하기 시작했다. 반면 이러한 집중 지표는 인지 자극에 반응하는 뇌 활성화 상태를 토대로 산출이 가능하지만, 집중 환경 요인의 변화에 대해 모두 산출이 가능하지는 않다. 또한 같은 집중 지표를 갖는다 해도 누가 더 효과적으로 집중력을 사용하는지 등 포괄적인 집중력의 수준을 나타내지는 못하는 것이다.

▲ 볼의 색깔과 선글라스 색 또한 선수가 장기간 골프 경기를 하는데 있어 집중도에 영향을 줄 수 있는 요소이다.

골프 선수의 집중력 변화에 긍정적인 효과의 영향을 미치는 외부 자극이 무엇인지에 대해 도움이 될 만한 연구 결과로 '색 조명 환경이 집중력에 미치는 영향'에 관한 것이 있다.

색 조명 환경에 따라 사람의 인지 집중도가 달라지는 것을 확인한 연구 실험 결과는 2011년도에 발표된 'Study on EEG Feature Extraction under LED Color Exposure to Enhance the Concentration'이라는 논문이다. 관심있는 독자는 이 논문을 참조하기 바란다. 저자는 색 조명 환경이 집중력에 영향을 미치는 것을 확인하고 이를 골프 선수의 집중력 훈련에 활용함으로써 유의미한 결과를 얻었다고 생각한다.

6-3-1 집중력 향상 평가 훈련1

Tip 아래 그림에 집중해서 가운데 원형 검은색 바의 숫자가 몇 개인지 최대한 빨리 세어 보기 바란다. 손가락을 이용해서는 안 되며 눈으로만 집중해서 세어야 한다. 이때 정확한 정답과 시간을 함께 체크해 보면 본인의 인지 집중에 대한 가장 간단한 수준 평가를 알 수 있다. 한 개씩 세어야 한다.

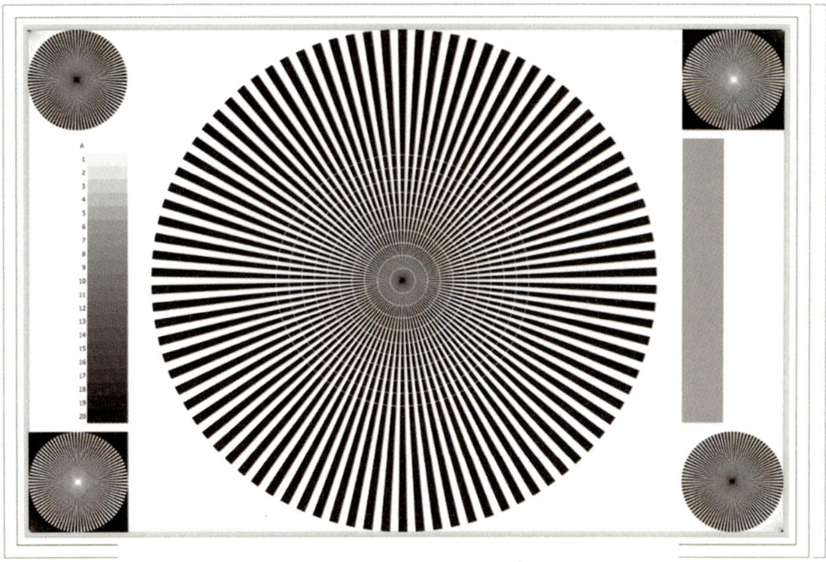

6-3-1의 정답은 손가락으로 정확히 다시 몇 개인지 확인하기 바라며, 보통 일반인이 첫 번째에 정답을 맞추는 경우는 매우 드물다. 하루에 몇 번의 반복적인 훈련을 통해 뇌를 자극할 수 있다. 정답을 맞추기까지 걸리는 시간이 40초 이내면 최고 수준이다.

6-3-2 집중력 향상 평가 훈련 2

Tip 아래 문장에 집중해서 알파벳 e(대문자 포함)와 i를 동시에 세어 보기 바란다. 각각 몇 개인가? 단, 각각 세는 것이 아니고 동시에 세어야 한다. 또한 가능한 빨리 세어야 한다.

Brief History of Disc Golf and the PDGA

Story by *Matt Gregoire* #28647, *Joe Feidt* #362, and *Jim Palmeri* #23. Photo of "Steady" Ed Headrick #001 courtesy of the *Disc Golf Association*. Photo of Simon Lizotte #8332 courtesy of *LEL Photography*.

From Frisbees to Disc Golf

"Steady" Ed Headrick #001 is considered the Father of Disc Golf. Of his dozens of patented inventions, two of them hold infinite importance to our sport. The first was the Frisbee (U.S. Patent #3359678) in 1966 as an employee at Wham-O. The second was the basis of all disc golf targets today, the Disc Golf Pole Hole (U.S. Patent #4039189) in 1975.

The concept of disc golf itself however has a long and blurry history. Even a question as simple as "Who first played disc golf?" has no clear and concise answer. In his Brief History of Disc Golf on PDGA.com, Disc Golf Hall of Fame member Jim Palmeri #23 responds to that question as follows:

"Sorry, but this turns out to be impossible to answer. There are many historical accounts of people playing golf with a flying disc, some of which pre-date the advent of the plastic flying discs by many years. Each account was an isolated instance of recreational disc golf play, and none of the participants knew of anyone else playing disc golf. Indeed, most of these instances were isolated not only geographically, but also isolated in time, so they couldn't have known about each other."

역시 6-3-2의 정답이 몇 개인지 직접 세어 보기 바란다. 처음 시도해서 정답을 정확히 맞춘 경우는 거의 없었다. 반복해서 해보기 바란다. 보통 정답 개수를 5번 이내로 세었다면 그리고 걸린 시간이 2분 30초 이내라면 최고 수준의 집중력을 유지한 것이다.

위에서 주어진 Tip은 뇌 인지 집중력을 평가하기 위한 연구에서 암산 등 일반적인 집중력 훈련시보다 Tip에서 제시한 훈련 수행시 측정한 뇌파의 집중 지수가 현격하게 높아진다. 그만큼 집중의 정도를 높일 수 있는 뇌 자극 훈련의 수단이 된다는 것을 알 수 있다. 이 Tip은 국내외 투어의 몇몇 선수에게 훈련했던 집중력 강화를 위한 일부 훈련 내용이다. 이들이 내는 집중력의 수준은 일반인에 비해 매우 높으며, 보통 2달 정도의 훈련 기간을 통해 스스로가 훨씬 좋아졌음을 느낄 수 있다고 한다. 여기에서 제시한 뇌 자극 Tip과 유사한 내용은 인터넷 상에서 쉽게 찾을 수 있을 것이다. 다양한 뇌 자극 방법들에 대해 알아보고 적어도 2달 이상의 꾸준한 집중력 훈련을 해보기 바란다.

6-4 내적 능력과 명상 훈련

명상은 골프 내적 능력을 높이는 중요한 수단이 될 수 있으며 동시에 집중력 향상을 위한 훈련의 방법이 되기도 한다. 선수 자신이 '골프 경기력'이란 화두를 놓지 않아야 하며, 동시에 골프 경기력을 구성하는 변화무쌍한 5가지 Power 요인들에 대해서 주기적으로 뒤돌아 보는 시간을 갖는 게 필요하다. 정신적, 육체적 스트레스를 받게 되면 스트레스 호르몬인 코르티솔 수치가 증가하여 염증을 촉진하는 물질인 시토카인을 방출하고, 우울감과 불안감을 조장하며 혈압과 피로감을 높이고 사고력 저하를 초래할 수 있다고 알려져 있다.

명상은 이러한 스트레스를 해소하는 효과가 있어 슬럼프에 있거나 정체기에 있는 선수의 골프 경기력을 높이는 중요한 전환점이 될 수 있다. 오래 전부터 동양 의학에서는 신체의 기에너지 흐름을 제어하는데 있어 명상과 참선을 통한 정신세계의 작용을 이해하고 훈련을 해왔다. 이러한 정신의 세계는 경험적 산물이며 과학적인 규명이 어려웠기 때문에 실험실 검증 의학을 중시하는 서양에서는 등한시하는 경향이 있었다. 그러나 1993년 미국 국립보건원 산하의 대체의학연구소를 중심으로 명상에 관한 과학적인 연구가 시작되었고 'mindfulness'이라는 불교의 마음 수행법이 세계적으로 조명되기도 했다. 또한 미국 심리치료에 쓰이기 시작하면서 매년 이에 대한 수많은 연구 결과가 발표되고 있다. 감정을 다스려야 하는 골프에 있어 명상의 중요성은 아무리 강조해도 지나치지 않을 것이다.

▲ 골프 명상법은 집중력을 높이는 훈련의 일환이며, 이미지 훈련의 준비 과정이며, 자신의 골프 경기력에 대한 메타인지의 과정이 되기도 하고, 동시에 슬럼프나 정체기에 있는 선수에게 획기적인 전환점을 만들어주는 열쇠일 수 있다.

명상이 골프 경기력에 어떻게 작용하는지와 골프에서 명상 훈련 계획의 필요성을 이해하는 것은 경기력 향상에서 중요한 부분이 될 수 있다. 여기서 제안하는 골프 명상법은 세 가지 결과적 측면의 효과를 추구한다. 첫째는 집중력을 높이기 위한 훈련의 일환이며, 둘째는 이미지 훈련을 위한 준비 과정이며, 세째는 자신의 골프 경기력에 대한 메타인지의 과정으로 활용하는데 유용한 도움이 된다는 것이다. 보통 명상은 마음을 다스리는 과정으로 자신의 심상을 보고 수련하는데 촛점이 맞추어져 있다.

사찰의 명상법과 마음 수련 센터에서 제공하는 명상 프로그램의 차이는 명상을 통해 지향하는 목적이 다소 다르거나 방법론적으로 호흡법을 중시한다든지 등의 차이가 있을 수 있다. 하지만 골프 명상의 핵심은 명상의 방법에서 어떤 것이 좋고 어떤 형태를 취해야만 하는 것이 아니라 '골프 경기력 향상을 위한 훈련의 과정'이라는 것을 명심해야 한다. 명상 훈련의 계획은 투어 선수의 훈련, 시합, 이동과 같은 일상의 생활에서 시간을 활용할 수 있도록 저녁 식사 후 1시간 정도를 할애하는 것이 적합할 것이다. 명상법에 대해서는 앞 장에서 설명하였으므로 여기서는 골프 명상에서 다루는 주제에 대해 몇 가지를 소개한다.

1. 내 골프 인생의 궁극적인 목표를 떠올린다.
2. 전날 시합에서 실수한 홀들을 떠올리며 성찰하고 복귀한다.
3. 내일 경기할 홀 중에 관건이 되는 홀을 떠올리고 이미지 라운드를 한다.
4. 경쟁자와 동반 라운드에서 우승 경쟁을 하는 가상 상황을 떠올린다.
5. 자신의 골프 기술적 부분을 성찰한다.
6. 무념무상의 상태로 마음을 비운다.
7. 무념무상의 마음에 수평선에서 떠오르는 태양을 담는다.
8. 무념무상의 마음으로 원하는 소리를 듣는다(새소리, 물소리…).
9. 무념무상의 마음으로 따스함과 시원함을 느낀다.

1~5번까지는 골프 명상법의 두 번째와 세 번째 효과를 위한 것이며 6~9번은 골프 명상법의 첫 번째 효과를 위한 명상 주제이다. 6번 무념무상의 상태에 이르는 것이 쉽지 않을 것이다. 골프 명상법에서 명상의 자세나 장소는 중요하지 않다. 자세는 일반적으로 취하는 명상의 편안한 포즈를 취하면 되며, 장소는 가급적 혼자 있는 큰 소음이 없는 공간에서 하기 바란다. 앞 장에서 설명한 촛불을 이용하여 촛불에 시선을 집중하고 하는 명상법을 권하며, 집중이 어려울 경우 눈을 감고 명상을 하기 바란다.

6-5 자기주도 교정 훈련 SRTSelf Reformation Training

▲ 훌륭한 골퍼는 스스로 자기의 스윙에 대해 문제를 찾고 해결하는 능력을 가진 골퍼다.

선수가 아무리 일관성 있는 스윙을 몸에 익혔다고 하더라도 시즌 중에 선수의 스윙은 다소간 변한다. 뿐만 아니라 18홀 경기 중에도 스윙에 변화가 생기며, 샷의 기복이 생기기 마련이다. 앞에서 이야기 했지만 스윙에 변화가 생겼을 때 선수 스스로 자신의 스윙을 바로잡는 능력을 가지고 있다면 얼마나 좋을까? 물론 이러한 자기 스윙에 대한 체크는 선수 누구든 하기 마련이다. 하지만 스윙의 변화를 인지하지 못하는 경우가 더 많을 수도 있다. 자기 스윙에 대해서 보다 더 체계적으로 들여다 볼 수 있다면 스스로의 스윙 교정이 쉬워질 것이다. 일관성 있는 스윙을 유지하기 위해 자신의 스윙을 체계적으로 체크하고 들여다 보기 위해서는 우리가 앞으로 만나 볼 6-5-1에서 설명하는 동적 운동 기준을 이해하는 것이 필요하다. '신체의 동적 운동 기준'이라 함은 선수마다 중점을 두어 지키려 하는 스윙의 기준을 이야기한다. 만일 안 좋은 샷이 만들어졌다면 선수는 원인이 무엇인지를 생각하게 될 것이다. 제일 먼저 리듬과 템포에 문제가 있었는지를 확인하고, 에이밍, 프리 샷 루틴, 셋업, 웨글링(트리거링), 테이크 어웨이, 톱, 다운 스윙, 임팩트, 팔로 쓰루, 피니쉬 등 스윙 전반에서 평소했던 스윙과 어디가 다르게 움직였는지를 확인하고 다음 샷에 반영하려 할 것이다. 이것은 스윙의 문제에 있어서 선수가 인지 가능한 부분을 보다 넓힘으로써 본인 스윙의 표준을 정립해 가는 과정에 대한 훈련이다. 설령 선수가 문제를 인지하고 다시 똑같은 샷의 스윙을 해도 같은 결과가 발생되기도 한다. 경기 내내 계속해서 약간의 훅이 생기거나 슬라이스가 발생하기도 한다. 어떤 경우는 원인을 찾지 못하고 고민 속에서 18홀을 경기해야 한다. 이러한 상황에 직면했을 때 자신의 물리적 운동 기준이 확립되어 있다면 문제를 해결하는데 큰 도움이 될 것이다.

6-5-1 신체의 동적 운동 기준Physical Dynamic Reference, PDR

Tip 선수마다 스윙을 할 때 집중하는 부분이 있다. 어떤 선수는 테이크 어웨이 한 가지 포인트만을 생각하기도 하고, 어떤 선수는 둘 혹은 세 가지 포인트를 생각한다. 선수가 일관성 있는 자기 스윙을 지키기 위해서 리듬과 템포의 기준을 정하거나 스윙동작에서 지키려 하는 명확한 기준을 PDR이라고 한다. 이 PDR은 어떻게 정립하는 것이 바람직할까?

PDR의 정립은 연습과 훈련의 과정에서 자연스럽게 정립이 된다. 그러나 더 좋은 경기력을 만들기 위해 보다 명확하고 확실한 자신의 PDR을 만들고 스스로 스윙의 체크 포인트로서 확인하려는 시도가 필요하다. 그러려면 프리 루틴에서 피니쉬까지 스윙 전체 과정에 대한 체계화가 필요하고 각 단계에서 자주 발생하는 문제들에 대해 이해할 필요가 있다. 그렇다고 생각을 하며 복잡한 스윙을 만들라는 이야기가 아니므로 혼동을 해서는 안 된다. 물론 선수의 스윙은 간단 명료하게 이루워져야 한다.

하지만 선수는 본인의 스윙을 가급적 세분화해서 상세하게 인지할 필요가 있다. 이는 연습과 훈련의 과정에서 비디오 분석의 도움이 필요할 수도 있으며, 스윙 코치의 도움이 필요할 수도 있을 것이다. 중요한 것은 자신의 PDR 가운데 한 부분이 문제가 되어 발생하는 볼의 탄도나 구질에 대해 연습에서 충분하게 학습되어 있어야 한다는 것이다.

6-5-2 물리적 운동 기준Physical Dynamic Reference, PDR의 확립

Tip PDR을 확립하기 위해서는 연습에 많은 시간을 투자해야 한다. 드라이버, 우드, 아이언 샷의 PDR이 다르기 때문이다. 레인지에서 각 클럽별로 샷을 한 후 볼이 날아가는 탄도와 스핀에 대해서 눈여겨 보아야 한다. 스윙에서 문제가 생긴다는 것은 볼의 탄도와 거리가 정상적인 스윙의 임팩트 결과와 다르다는 것을 의미하기 때문이다. 즉, 볼이 비행하는 탄도를 자기 스윙의 PDR과 연결하여 설명할 수 있도록 확립해야 하며, PDR 확립 과정은 비디오 스윙 분석을 전문으로 하는 코치와 함께 하는 것이 좋을 것이다.

물리적 운동 기준의 확립을 위해서는 본인의 정상적인 스윙을 몇 개의 동작으로 구분할지를 결정하는 것이 중요하다. 전체 스윙을 완성하는데 있어 웨글 동작의 준비 단계에서 피니쉬까지 몇 개의 동작으로 구분하는가는 비디오 분석에서 결정하면 될 것이다. 보통 셋업, 웨글링(트리거링), 테이크 어웨이, 톱, 다운 스윙, 임팩트, 팔로 쓰루, 피니쉬 등 8개 단계로 구분하는 것이 일반적일 것이다. 물론 더욱 세분화해도 좋다. PDR 확립을 위해서는 구분된 스윙의 각 단계별로 정상적인 스윙에서의 동적 기준을 만들어야 한다. 특히, 임팩트가 이루어지기까지의 다운 스윙 과정에서 클럽 헤드의 움직임에 대한 PDR의 확립이 가장 중요할 것이다. 이와 관련하여 톱에서 팔꿈치의 위치와 그립과 몸통과의 간격 등 가급적 상세한 분석이 필요할 것이다. 전체 스윙에서 이들 구간별 PDR을 확립하는 과정은 골프 경기력 향상을 위해 중요한 것이므로 동계 훈련 과정에서 충분한 시간을 가지고 시도해야 할 것이다. PDR 확립에서 중요한 것은 각 구간에서 확립된 동적 기준의 변화가 볼의 탄도에 어떤 영향을 주는지를 명확히 이해하는 것이다.

미래의 정상에 서게 될 골퍼는 현재 자신의 경기력 수준을 인식하고
무엇을 보완해야 하는지를 아는 선수다!
S. Y. Chun